Las poblaciones de la Prehistoria reciente (VI°–II° milenio a.n.e.) en la Campiña Litoral y Banda Atlántica de Cádiz

Un análisis a través de la Antropología Física y la Arqueología

Adolfo Moreno-Márquez

BAR International Series 2867

2017

Published in 2017 by
BAR Publishing, Oxford

BAR International Series 2867

*Las poblaciones de la Prehistoria reciente (VI°–II° milenio a.n.e.)
en la Campiña Litoral y Banda Atlántica de Cádiz*

ISBN 978 1 4073 1618 5

Printed in England

BAR
PUBLISHING

BAR titles are available from:

BAR Publishing
122 Banbury Rd, Oxford, OX2 7BP, UK
EMAIL   info@barpublishing.com
PHONE   +44 (0)1865 310431
FAX   +44 (0)1865 316916
www.barpublishing.com

Agradecimientos

Quisiera agradecer al profesor José Ramos Muñoz (Universidad de Cádiz) y a la profesora Inmaculada Alemán Aguilera (Universidad de Granada) por su amistad, disponibilidad y paciencia ante mis constantes preguntas, dudas y cuestiones que siempre sabía resolver, en cualquier momento. Al igual que a los profesores: Miguel Botella, Sylvia Jiménez y Rosa Maroto, por sus consejos durante mi formación y posteriores visitas al Laboratorio de Antropología Física y Forense en la Universidad de Granada en estos últimos años.

A la arqueóloga de la Delegación Territorial de Cultura, Turismo y Deporte de Cádiz, *Ana Mª Troya, por la ayuda en la gestión de* la solicitud de estudio de materiales; al igual que Francisco Barrionuevo y Rosalía González (Museo Arqueológico de Jerez de la Frontera); Juan José López y Javier Maldonado (Museo Arqueológico del Puerto de Santa Mª) y Mª Dolores López de la Orden (Museo Arqueológico de Cádiz).

A Eduardo Vijande, por ofrecerme toda su ayuda y consejo sobre la arqueología y el mundo funerario en la provincia de Cádiz.

Al profesor Nuno F. Bicho (Universidade do Algarve) y a su equipo: Ana Abrunhosa, Pedro Horta, Lino André, João Cascalheria, Célia Gonçalves y Ana Gomes; por la oportunidad de realizar una estancia investigadora en The Interdisciplinary Center for Archaeology and Evolution of Human Behaviour (ICArEHB) (Faro, Portugal) ofreciéndome todos los medios del laboratorio, su biblioteca y toda la ayuda disponible para conocer la arqueología del Suroeste de la Península Ibérica.

A mis compañeros y sobe todo amigos: Diego Fernández, Ana Doyague, Lidia Cabello, Serafín Becerra, José María Gutiérrez, Mª Cristina Reinoso, Lydia Sánchez-Barba, Ángel Rubio, Pablo Guerra, Mª del Mar Espejo, Pedro Cantalejo, Antonio Barrena, Sergio Almisa, entre otros.

Finalmente, a quien menos se las suelo dar, pero que son quienes más se lo merecen: a mis padres y a mi hermano que han tenido que aguantar mis peores y mejores momentos, su apoyo en todos los aspectos (moral, económico, etc.), siempre animándome a seguir adelante a pesar de las dificultades que han podido surgir en estos años de tesis, carrera, etc. pero siempre con la esperanza de verme salir hacia delante, gracias de corazón. Y a Rosi Guillen, por su apoyo constante desde el inicio de esta tesis, su ánimo en todo momento, acompañándome y ayudándome desinteresadamente y sobre todo, por no dejarme nunca solo en esta nueva aventura.

A todos vosotros gracias, sin vuestro apoyo desinteresado, este trabajo no podría haber llegado a tan buen puerto.

Índice

Lista de figuras e tablas

Resumen

El estudio sobre el mundo de los enterramientos durante la Prehistoria reciente plantea una serie de cuestiones y de problemas de muy diversa consideración, ya sean cronológicos, tipológicos, ideológicos, socioeconómicos, etc. Esto es debido sobre todo a que en el registro arqueológico, solamente queda constancia de una mínima parte ceremonial, siendo sobre todo la última, ya que no sabemos nada de la duración de los actos previos a la deposición del individuo en la tumba, los propios ritos mortuorios y comportamientos simbólicos. Cuando se localiza una o varias estructuras de enterramiento (necrópolis) en su contexto arqueológico, únicamente se refleja la etapa final del ritual funerario. Su estudio en su conjunto, tanto los aspectos o datos arqueológicos, como bioantropológicos y del estudio material de los elementos localizados, nos ayuda a conocer si este ritual es totalmente diferente, según el individuo que recibe dicho ritual (sexo, edad, actividad profesional, condición social, circunstancias de la muerte, etc.). El acercamiento al mundo funerario de las sociedades del pasado, ha sido reclamo para una gran cantidad de investigadores, como arqueólogos, antropólogos e miembros de diversos campos, ya que existe un "vacío" de investigación más que un "vacío" de información por falta de materiales o yacimientos. Con el presente trabajo se pretende aportar un nuevo enfoque de interpretación a las manifestaciones funerarias proporcionado a través del estudio de los restos óseos humanos, localizados en los yacimientos con estructuras de enterramiento en la Campiña Litoral y Banda Atlántica de Cádiz. Esta información biológica es en gran parte inédita, ya que no siempre que se han localizado restos óseos han sido estudiados en su conjunto y de forma sistemática. Con estos datos, se muestra la evolución que han experimentado el propio lugar y los rituales de enterramiento a lo largo de la Prehistoria reciente asociándolos al propio desarrollo de los aspectos económicos y sociales de estas formaciones sociales. Por tanto, a través del estudio completo del enterramiento: tipo de inhumación (simple o colectiva), la disposición de los restos humanos (si están o no en conexión anatómica), análisis y estudio del ajuar localizado (análisis de los elementos cerámicos, líticos o de otro material más exótico o exclusivo), entre otros objetos o elementos reseñables. El análisis del contenido es esencial para enriquecer un estudio ente otros datos que aportan tras la excavación arqueológica de la estructura) podemos, en definitiva, acercarnos al mundo de los vivos a través del mundo de los muertos. Existe una problemática actual y es que después de una excavación arqueológica, los restos pasan a un segundo plano. La falta de equipos multidisciplinares y sobre todo, la falta de ayudas económicas para realizar diferentes analíticas, como estudios polínicos, dataciones, estudios arqueométricos o de isotopos, entre otros, dificulta el estudio de un yacimiento arqueológico. Con este tipo de estudios se quiere buscar sufragar ciertos "vacíos" de investigación con el fin de enriquecer más aun a los trabajos arqueológicos ya realizados y sobre todo, aportar la información que los restos óseos humanos dan.

Abstract

The research on the world of burials during recent prehistory raises a series of questions and problems of very diverse consideration; whether chronological, typological, ideological, socioeconomic, etc. This is reflected strongly in the archeological record, especially as only a minimal amount of ceremonial behavior can be analysed, this primarily being the last acts performed, since we do not know anything of the duration of the acts previous to the deposition of the individual in the tomb, the proper mortality rites and the symbolic behaviors associated with them. When one or several burial structures (necropoleis) are located in their archaeological context, only the final stage of the funeral ritual is reflected. Their study as a whole, archeological aspects and data such as those provided by bioanthropology and the study of localized elements, do not matter if the ritual is different for every individual who receives said ceremony. Factors such as sex, age, role in the society and circumstances of death may affect the way said ritual is performed. The study of the funerary world of societies of the past has been claimed by a large number of researchers, such as archaeologists, anthropologists and members of various fields, since there is a "vacuum" of investigation rather than a "vacuum" of information for lack of materials or deposits. This work intends to provide a new approach to interpretation of funeral manifestations provided through the study of human skeletal remains, located in deposits with burial structures in Campiña Litoral and Banda Atlántica in Cádiz. This biological information is largely unpublished, since skeletal remains have not always been studied as a whole and in a systematic way. With this data, the evolution of the location and the burial rituals through recent prehistory are shown, associating them with the development of the economic and social aspects of these social formations. In other words, through the complete study of burial: type of burial (simple or collective), the disposal of human remains (whether or not in anatomical connection), analysis and study of the localized elements (analysis of ceramic, lithic elements or of other more exotic or exclusive material), among other objects. The analysis of the content is essential to enrich a study and other data that contribute after the archaeological excavation of the structure. We can, finally, approach the world of the living through the world of the dead. There is a current problem and that is, after an archaeological excavation, the remains pass to the background. The lack of multidisciplinary teams and, above all, the lack of financial support to carry out different analyses, such as pollen studies, dating, archaeometric studies or isotope analysis, among others, make it difficult to study an archaeological site. With this type of studies we want to seek to cover certain "gaps" of research in order to further improve the archaeological work already done and, above all, to provide further information of the human bone remains.

Chapter 1: Geography and Geology, The natural environment of the coastal Camp and the Atlantic Band of Cádiz

The landscape is the result of a set of diverse factors and processes: topography, lithology, hydrology, vegetation, climate and of course human activity, among others, although it will be the topography that will condition the rest of the factors. In order to know these modifications, the aim is to aspire to a paleogeographic reconstruction of the province of Cádiz, which is the natural framework for this study. It is known that settlements in the interior area (around the Iro river) as well as the coastal areas were affected in the Holocene by the Flandrian Transgression (7500 BP), which led to the formation of different coves in the area. In addition, the archaeological records relating to post-glacial times and to the socio-historical Epipaleolithic development have disappeared. It is from the IV millennium when the transformation of the landscape becomes much more evident. This is caused by greater erosion and sedimentation evidenced in the geoarchaeological records (Arteaga and Hoffmann, 1999, Arteaga et al., 2008), due to the process of deforestation that was carried out because of the necessity of wood as raw material, as well as for the conditioning of the fields for agricultural land use and pasture areas. The transformation of the environment is also a consequence of the changes that are going to occur within the very structure of society (Ramos, coord. 2008).

Chapter 2: From the origin of tribal companies to classical companies

The mode of production of these societies is characterized by being based on agriculture and livestock, and alternating shellfish in areas near the sea. This sedentary type of life gives rise to base camps or small villages. These communitarian societies grew in a progressive way to a demographic size, thanks to the parallel increase of the production of surplus consumer goods, this in turn, originated the creation of new storage structures. All these transformations would lead to social contradictions, since at the beginning of these communitarian societies, both the production and investment of labor was a collective and accumulated good (Vargas, 1987: 18). Membership to the community was governed primarily by direct affiliation relationships (Ramos, coord. 2008). This productive progress is caused by technological improvements and new modes of production, which in turn will force the emergence and consolidation of the new mode of production, generating different ways of life and work depending on the resources and attitude of the group itself. Ownership of property remains collective; especially land, but also the hunting and industrial (lithic) resources themselves. This is the basis for the emergence of "frontiers" with other affiliated groups or villages with which exchange relations can be established, being key in the development zone of the so-called Neolithic Revolution (Childe 1979, Bate 1998: 86). They are societies where kinship regulates and conditions all social relations of

production and social reproduction (Ramos et al, 1999). It begins to realize an exchange of products and goods, generating a circulation of materials such as flint, amber, exotic rocks, subvolcanic rocks and important materials for this society and that do not have direct access to them (Domínguez-Bella et al., 2008). Therefore, these tribal societies have a basis of equality, but gradually they begin to be hierarchized by the different ways of life and production and the evolution of parental relations towards political relations (Bate, 1984). The emergence of a dominant group makes society abandon primitive community equality and this leads to a class transition. The dominant class is separated from the initial parental base that is increasingly exploited, the first being the one that takes over the labor force and the surplus produced (Ramos, 1999).

Chapter 3: The funeral world of the societies of recent prehistory through their rituals and burial structures

This chapter aims to reflect on the evolution of burial rituals in recent prehistory in the different historical phases and associating them with the development of the economic and social aspects of these social formations in parallel with the conception of death by the group. There is ampoule literature on this subject, as more and more finds are being located and new deposits and interpretations are being discovered. The main research trends advocate the formation of multidisciplinary teams that resolve and contribute information about to the reservoir of information and its content from each specific area of study. The different funeral manifestations and the so-called Archeology of Death provide valuable information related to the daily life of the population groups that lived in previous times. On the one hand, it can be analysed by looking at the different typologies of burial structures, documented by archaeological excavations; On the other hand, by the study of the content of the structure itself, such as: type of burial (individual or collective), layout of the same (primary or secondary), furniture and all the material that can contain such structure. The analysis on the whole provides great information on the possible internal changes in the prehistoric societies and on the social inequalities that transcend beyond the death of an individual.

Chapter 4: Archaeological site of recent Prehistory with bone remains

After reading different publications, archeology yearbooks and studies related to the present theme of study have been chosen, a series of deposits of Campiña Litoral and Banda Atlántica of Cadiz, with chronologies comprised of the recent Prehistory (VI - II millennium a.n.e.), where funerary structures with bone remains have been located. As has been mentioned in previous chapters, the chosen area of study presents a totally different landscape to what it had during recent Prehistory. This clearly conditioned the emergence of settlements in different areas, especially where there was a palpable wealth of raw materials and vegetables, encouraging the development of agriculture and livestock. These populations would also have had important assets, such as the ones that would be provided by their proximity to the sea. This would have conditioned their lifestyles and of course their structures and their funerary manifestations. The funeral ritual that the deceased received would include the construction of the tomb itself, such as the ceremonies, as well as the contribution of symbolic objects that will make up the deposited items (Cámara, 2002), since this entails a great effort on the part of the whole group. Therefore, it is understood that funeral rituals are a mechanism that uses the "upper class", in order to strengthen the ideology before the rest of the group. And so it is understood that the recipient of the funeral ritual is both the deceased and the community (Scarduelli, 1988). Not all rituals are the same, as they will be different for one individual or another, and reflect the transition from a tribal society of family groups to early class societies (Arteaga, 1992). There is a strong parallel between the "status" or social position of an individual in life, with the treatment they receive after death by the group (Castro et al., 1995). In this area of study, different manifestations and funerary structures are presented, along with different types of rituals that the deceased received; these being observed in burials in pits, cisterns, silos, as well as natural and artificial caves. In this chapter we present the archaeological information of the deposits of the prehistoric time of the Campiña Litoral and Banda Atlántica of Cádiz where bone remains have been recovered and have therefore been used to develop this research work.

Chapter 5: Materials and methodology

This chapter describes the situation of the human skeletal remains of the twenty -three sites that have been studied and their situation: if there is bone material, if it has already been studied by other research teams or if its study is unpublished. Subsequently, the archaeological and anthropological methodology that has been used for its study. It is important to carry out an immersion and evaluation of all the documentation referring to the fields under study. A very important part and a great contribution of information were the daily journals from the excavation. The Archaeological Yearbooks of Andalusia, from different years, were reviewed to know the interventions and their results, as well as the different publications of these. A comprehensive review of the current status of the issue of Funeral Archeology and an updated review of the specialized publications on Physical Anthropology and Paleopathology was also conducted. It was necessary to go deeper into the different publications referring to the province of Cadiz and especially those that cover general prehistory, and in particular the Neolithic and Chalcolithic period in the area; showing the scarce information available, unlike other times in the history of the region. It was necessary to make a request to study materials to the Delegation of Culture, to be able to study the human bones deposited in the archaeological museums of Jerez de la Frontera, the Port of Santa Maria and Cádiz.

Chapter 6: Anthropological results

In this chapter the anthropological results from the different deposits studied is shown. As can be seen in Tables 10 and 11 the greater presence of individuals, with respect to age is of adults (53) as opposed to sub-adults (29). Regarding sex, the presence of more female individuals (32) than male (24) stands out. It is also necessary to take into account the high number of allopathic individuals (35), disaggregated among whom sex (26) or age (9) is unknown. This is due to the fact that sufficient bone remains have not been conserved enough to facilitate this information.

Chapter 7: Ostearchaeology and burial ritual

Archaeology has as main objective to reconstruct past societies and their ways of life, from the material record that has survived to present day. Little by little, different sciences have nourished these archaeological investigations. This is the case of the specialty of Physical Anthropology, which is a discipline that studies the human skeletal remains that come from archaeological contexts (Thillaud, 1996: 19; De Miguel, 2010: 136). The study methodology is based primarily on the identification of bone remains and all the information they can provide, such as the Minimum Number of Individuals (NMI), gender, age, height; and on health status, through the paleopathological study (Armelagos, 1998: 29, Safont, 2003, De Miguel, 2010: 136). The crossing of biological information (sex, age, stature or pathology) and the study of the different structures of burial and its content from the archaeological excavation can shed light on population aspects such as their social structure or ideologies. All this helps to reconstruct the social, economic and cultural phenomena that are behind any kind of funeral structures (megalithic monuments, natural or artificial caves, burials in cystic, silos pits, wells) (Castro et al., 1995). One of the major problems and shortcomings when dealing with the study of the funerary world in the Campiña Litoral and Banda Atlántica sites in Cadiz is the absence of absolute radiocarbon dating, which guarantees the chronology of the necropolises. To some extent this makes it impossible to know with complete certainty the changes in Prehistory, since there is no correct chronological contextualization (Cámara, 2012).

In most of the deposits, the dating is due more to the chronological framing offered by the archaeological materials documented in them, being only relative and approximate data. The purpose of this chapter is to integrate the data obtained through the anthropological study with the archaeological information of each site, taking into account the type of structure of burial and the characteristics of the ritual destined to each individual, in order to establish if there is a different funeral treatment that is related to sex, age or other biological characteristics.

Chapter 8: Conclusions and final evaluations

After the study of the different deposits, grouped according to the different burial structures, by way of synthesis it can be indicated that:

The burials in a natural cave are typical of the oldest chronologies and show the semi-nomadic character of the population group. There are differences in ritual burial between adults and subadults. The deposited items show the humble character and the economic hue (ceramic and lithic for daily use) that could be related to tribal communities. The skeletal remains are usually scrambled and very few are in anatomical connection, because when an individual is buried it tends to be grouped with the remains of the previous individuals and is moved to the bottom of the structure, leaving room for new burials. The deposits of items are very varied, highlighting ceramic material, lithic and even metallic elements, which serve to date the burials. Of particular note are the defensive / offensive or hunting elements: halberds, axes, arrowheads, etc., as can be seen in the Paraje de Monte Bajo (Alcalá de los Gazules) or Torre Melgarejo (Jerez de la Frontera). Also worthy of note is the ritual of the Paraje de Monte Bajo reservoir (Alcalá de los Gazules) where an intentional deposition of dogs is located in the center of a structure. As in El Trobal (Jerez de la Frontera), where an animal deposit was located in the center of the burial structure. The burials in the pit are present throughout Prehistory and according to their chronologies will be located in the zones of habitat (older) or in its environs (middle or final time). Its complexity in the construction (from shallow grave to monumental structure) together with the items located there (humble or exotic products and prestige) will mark the key to know the political, economic and social level of the individual or individuals who are buried there. In these structures a total of nineteen adults (eight women, six men and five of unknown gender) and twelve subadults (five women, 3 men and four undetermined) were studied.

The deposits go in line with the burial structures, showing that the humblest and simplest graves do not contain funeral objects or if present it is minimal (some fragments of ceramic and / or lithic product); While the more complex and monumental structures, usually show an important trousseau, characterized by exotic and prestigious products. The burials in silos are those that are more present, along with burials in pits, in Campiña Litoral and Banda Atlántica of Cádiz, and in turn, are the most problematic in their understanding. Nineteen adults (twelve women, five men and two unknown) and twelve subadults have been documented (five are women, three men and four unknowns). In the layout of the remains there are various aspects: burial without ritual, with the remains in a secondary position, mixed with other materials (ceramics and fauna) as seen in the case of Las

Viñas-Cantarranas (El Puerto de Santa María), Naval Base of Rota (El Puerto de Santa Maria) or SET Parralejos (Vejer de la Frontera) for example. While in other fields there is a clear ritual such as El Trobal (Jerez de la Frontera) or La Esparragosa (Chiclana de la Frontera). Burials in megalithic structure are the least abundant, being almost nonexistent. Only one of them has reached us in present day from Cerro de las Vasconcillas (Rota), which shows a strong social differentiation, since in the same deposit there is another funerary structure, in an artificial cave. This megalithic structure shows a collective and primary burial, locating the remains that were first buried moved and the last ones in a careful position.

The remains show a different richness than the artificial cave that is located in the same deposit, thus showing a social and economic differentiation among the population. It may be that the fact of death and the preservation of the individual in this transition from the world of the living to the dead begins to take on importance, regardless of their social condition, although it is reflected in the objects left behind, as has been observed in the different registers. Therefore, we defend the idea that funerary practices are a clear reflection of the social behaviors of the living and therefore the study of the funeral context allows us to observe a series of practices depending on each type of society, being the treatment that receives the deceased, a reflection of the social status to which the individual belonged and what will endure after his death. It should be understood that human skeletal remains from archaeological contexts must be considered as a great source of information about the populations of the past. We believe that our study provides interesting information and, above all, about the funerary world during the recent Prehistory in this area. There are still many outstanding questions and a long way to go, but we hope this is the beginning of future research.

Introducción y objetivos

Este trabajo de investigación fundamenta su estudio en el interés por conocer las características biológicas de los individuos inhumados en los diferentes tipos de estructuras funerarias y el ritual que estos recibieron, según los datos arqueológicos que proporcionan los diferentes yacimientos con contextos funerarios de la Campiña Litoral y Banda Atlántica de Cádiz durante la Prehistoria reciente. Por tanto, se trata de un estudio donde, por una parte se comparan yacimientos desde el punto de vista arqueológico, centrándonos en las estructuras funerarias y sus ajuares; y por otra, desde una perspectiva bioantropológica se analizan los restos óseos con la finalidad de recoger datos sobre las características de las poblaciones, sus patologías, variantes anatómicas, etc. El resultado final es un análisis integral en el que se relacionan estos datos biológicos con los aspectos culturales propios de su contexto histórico.

Aunque la investigación se ciñe a yacimientos de la Prehistoria reciente en la Banda Atlántica de Cádiz, hay que ser plenamente conscientes y tener en consideración que un término municipal o el límite de una provincia no pueden ser extrapolables a las sociedades del VI milenio a.n.e. a II milenio a.n.e. puesto que se trata de una división territorial y administrativa de época contemporánea.Realmente este estudio se centra en esas poblaciones que se encuentran en estrecha relación con el mar. Esto será determinante para la formación de los grupos poblacionales, su desarrollo y evolución. Con estos supuestos, nos centramos en conocer a la población a través de los restos óseos y de sus manifestaciones funerarias, sobre todo haciendo hincapié en la problemática de los enterramientos en su diferente tipología, campos de silos, fosas, cistas y cuevas artificiales y/o naturales. El principal problema encontrado en la elaboración de este trabajo es el escaso número de estudios antropológicos antecedentes entre los yacimientos de la Prehistoria reciente en la región. En la mayor parte de los trabajos precedentes sólo se recogen los datos relativos al contenido interno de las necrópolis (ajuares, distribución interna, etc…), sin tener en cuenta su vinculación con los datos antropológicos que nos informan del poblamiento y el territorio que estos llegaron a controlar. Entendemos así que el ritual funerario lo conforman las ceremonias, la movilización de objetos simbólicos y la construcción de los monumentos funerarios, siendo estos dos últimos los más fáciles de detectar en la práctica arqueológica (Cámara, 2002).

No se debe perder de vista el medio natural, ya que es vital para la aproximación al estudio de las sociedades que en la Prehistoria reciente ocuparon el área de estudio. Sobre todo, porque el paisaje actual no tiene nada que ver con el que pudo existir durante los tiempos de la Prehistoria que tratamos. Un ejemplo claro puede apreciarse en las zonas próximas a la Bahía, donde algunas tierras en esta época eran islas y otras muchas que hoy tienen el mar alejado, se encontraban a escasa distancia de la costa. La Sierra de Cádiz estaba en conexión con la Banda Atlántica gaditana por el río Guadalete, el cual desemboca en la Bahía. La relación de poblamientos con el mar, en mayor o menor medida, aportará una valiosa información sobre dietas, explotación de recursos marinos, movimientos poblacionales, entre otros, pero sobre todo, en el entendimiento de por qué se encuentran los yacimientos en un lugar determinado. Para ello, se recurre a diferentes estudios geoarqueológicos, los cuales aportan datos sobre el paisaje y sus grandes transformaciones. Uno de los factores más influyentes en la mutación de los paisajes fueron los grandes procesos de deforestación, ya fuera por un uso elevado de la madera como recurso, por la necesidad de zonas de pasto, o de campos para un uso extensivo agrícola (Arteaga y Hoffmann, 1999; Arteaga *et al.,* 2008; Ramos *et al.,* 2013). Todos estos cambios se produjeron en diferentes zonas geográficas de Andalucía, al igual que en esta área de estudio, la Campiña Litoral y Banda Atlántica de Cádiz. El presente estudio arranca en un periodo cronológico comprendido entre la segunda mitad del VI milenio y finales del IV milenio a.n.e., periodo denominado "*Neolítico*".

Fue a partir de este momento cuando se produce en la zona gaditana un proceso "*revolucionario*" que dio origen a las primeras sociedades tribales, aunque no será hasta finales del V milenio a.n.e. cuando surjan estructuras sociales con una fuerte base económica agropecuaria. Estas transformaciones socioeconómicas influirán, sin duda, en la forma de concebir la muerte por parte de estos grupos. Es un momento en el que se mezclan actividades tradicionales (caza, pesca y marisqueo), con el surgimiento y desarrollo de nuevas prácticas económicas (agricultura y ganadería) y modos de trabajo diversificados. Este proceso se fue dando de manera progresiva, ya que en un primer momento estas sociedades no tenían un control absoluto de la agricultura y la ganadería, y seguían dependiendo en gran parte de una economía basada en la caza y la recolección. No será hasta la segunda mitad del V milenio y la primera mitad del IV a.n.e., cuando en la zona de la Bahía de Cádiz se pueda observar un aumento considerable de los asentamientos (Nocete, 2001; Pérez, 2003; Arteaga, 2002; Vijande, 2006; 2010).

El surgimiento de la agricultura debió suponer un aumento en la seguridad del grupo, ya que generaba un sustento alimenticio importante (Vicent, 1991; Vijande, 2010). Progresivamente, tanto la agricultura como la ganadería se convirtieron en el pilar básico de estas sociedades, adquiriendo un mayor protagonismo en el desarrollo de aldeas permanentes y dando lugar a la concentración poblacional en un territorio determinado. La fuerza de trabajo se invertiría en la defensa y expansión (Vargas, 1987; Ramos *et al.,* 2008; Vijande, 2010). Los poblamientos se caracterizan por la presencia de aldeas, donde en muchos casos se documentan un número significativo de silos, contenedores subterráneos de mediano o gran tamaño, excavados en el substrato geológico local. Estas estructuras informan de una forma de vida sedentaria y agropecuaria. Una vez que estas estructuras han perdido su funcionalidad inicial como contenedores de bienes de consumo, son reutilizados como lugares de enterramiento. Esto es observable en muchos yacimientos de la Bahía gaditana, casos como La Esparragosa (Chiclana de la Frontera), SET Parralejos (Vejer de la Frontera), Las Viñas-Cantarranas (El Puerto de Santa María) y Base Naval de Rota (El Puerto de Santa María), entre otros. Todos estos cambios socioeconómicos repercuten, sin duda, sobre la forma de entender la muerte por parte de estas sociedades y se vieron reflejados en los modelos de enterramiento que han llegado hasta nuestros días. Estos cambios generaron grandes transformaciones en el seno de la organización económica, social y política, y fueron la base de las sociedades clasistas iniciales del III milenio a.n.e. (Arteaga, 2002; Ramos *et al.,* 2013). Esta nueva organización territorial generará una nueva relación social de producción. Se localizará un proceso de concentración poblacional, sobre todo cerca de tierras fértiles (Ramos, 2008).

Al igual que los silos muestran un auge y desarrollo de la agricultura, los enterramientos dolménicos informan del inicio y el desarrollo de una clara jerarquía entre la "clase productora" y la "clase gerencial". En estas estructuras se invertía un importante esfuerzo colectivo, no solamente en su construcción y en su decoración integral, sino también en las materias primas para la fabricación de los ajuares, etc. Esto muestra el esfuerzo colectivo, siendo sin duda una clara prueba de organización social (Vargas, 1987). No toda la población tenía ese privilegio de ser enterrado en estas estructuras monumentales y poseer unos ajuares con objetos de prestigio (Ramos y Giles, 1996). Estas sepulturas monumentales próximas a las zonas de hábitat afianzan la propiedad del paisaje. Por tanto, no sólo importa la función funeraria, también tienen una función ideológica, marcando desigualdades sociales, y a la vez son marcadores sobre el territorio frente a otros grupos. Tanto la tierra, como los recursos y los miembros de la comunidad, forman parte de un patrimonio comunal, dando lugar a una "*territorialización*" (Vicent, 1991).

La cantidad de enterramientos dolménicos documentados en la provincia de Cádiz es bastante elevada, sobre todo en zonas del interior. En todos ellos se observa la presencia de enterramientos colectivos junto con unos rituales y unos ajuares muy característicos.Por tanto, durante la Prehistoria reciente, se encuentran diferentes modelos de enterramiento de manera sincrónica que marcan una clara desigualdad social. En paralelo a los enterramientos dolménicos, donde se entierran los individuos con un estatus social más elevado, perduran otros modelos como los enterramientos en silos o en fosas simples con un ajuar muy limitado y con un claro estatus inferior. Durante buena parte del III y principios del II milenio a.n.e., empieza a documentarse una nueva forma de enterramiento denominada arqueológicamente como "cueva artificial". Estas se caracterizan por estar excavadas de una forma total o parcial en la roca natural con diferentes morfologías. En ellas se localizan enterramientos "colectivos" que

recuerdan a épocas anteriores, pero donde los espacios funerarios marcan un claro proceso de diferenciación social. Estas modificaciones en las estrategias de enterramiento se deben poner en relación con nuevas fórmulas de ordenación donde las diferencias sociales se ven cada vez más marcadas. Estos modelos de enterramiento muestran sobre todo una diferenciación social y un estatus distinto de las personas, las cuales eran enterradas con los privilegios que tenían en vida, mientras que una buena parte de esta población no gozó de ese privilegio, ya que esos no eran accesibles a todos los miembros del grupo.Estas poblaciones autóctonas del extremo sur de la Península Ibérica pertenecientes al II milenio a.n.e. y su forma de comprender y explicar la muerte se verán modificadas con la llegada de los colonizadores fenicios a inicios del I milenio a.n.e., que introducirán nuevas formas de enterramiento.

El estudio de la muerte durante el periodo de la Prehistoria reciente ha sido entendido de manera diferente por parte de cada investigador, al igual que ha ocurrido con cualquier hecho histórico. Por tanto, será a partir de la década de los 60-70 del siglo XX, cuando se comience a hablar de una "Arqueología de la Muerte". Esto provocó una nueva metodología y, por tanto, un mejor conocimiento del mundo funerario. Poco a poco, y con el surgimiento de nuevas metodologías tanto arqueológicas, como antropológicas, la información que se obtiene es mucho mayor.Estamos totalmente convencidos de la existencia de vínculos entre el mundo de los muertos y el de los vivos, y de ahí el interés por el análisis de los restos óseos y de sus rituales funerarios. Mientras que los huesos humanos aportan una gran cantidad de información biológica, y a su vez una información cultural (tratamiento de los restos *post mortem*), los diferentes rituales funerarios reflejan el tránsito de una sociedad tribal a grupos familiares y sociedades clasistas iniciales (Arteaga, 1992). Existe un fuerte paralelismo entre el estatus o posición social de un individuo en vida y el tratamiento que recibe en el momento de su muerte por parte del grupo (Castro *et al.*, 1995).

El ritual funerario es todo lo que conforma la construcción de las diferentes estructuras funerarias, las ceremonias y el aporte de objetos simbólicos (Cámara, 2002). Hay que tener en cuenta que la construcción de las tumbas y la adquisición de los ajuares depositados en ellas conllevan un gran esfuerzo social; por lo tanto, los rituales funerarios son un mecanismo más para afianzar la ideología. Junto con ellos hay que realizar un análisis de los poblados con el fin de corroborar o no la existencia de las desigualdades sociales documentadas en las tumbas y comprobar si el ritual funerario contribuye a la reproducción de estas desigualdades cuando el individuo estaba vivo (Vicent, 1991).

El problema principal radica en el escaso o nulo conocimiento que se tiene de los poblados vinculados a sus necrópolis. Tan sólo se tiene constancia de algunos datos relativos al contenido interno de los enterramientos, como son los ajuares, los restos humanos, la distribución interna, etc.; y por tanto, desconociendo prácticamente su vinculación con los poblados o su posición respecto al territorio controlado, aspectos mucho mejor conocidos en la zona oriental de Andalucía (Cámara, 2002). El escaso número de dataciones para las diferentes estructuras funerarias prehistóricas es otro problema que dificulta este trabajo, el cual se intenta solventar mediante cronologías relativas obtenidas a partir de los estudios tipológicos de sus ajuares. Esto genera un problema ya que se está fechando un momento concreto, sin tener presente, que muchos sepulcros fueron reutilizándose durante épocas posteriores.

CAPÍTULO 1

GEOGRAFÍA Y GEOLOGÍA. EL MEDIO NATURAL DE LA CAMPIÑA LITORAL Y BANDA ATLÁNTICA DE CÁDIZ

1.1. Introducción

El paisaje es la consecuencia de un conjunto de factores y procesos diversos: la topografía, la litología, la hidrología, la vegetación, el clima y por supuesto la actividad humana, entre otros, aunque será la topografía la que condicionará al resto de los factores. Para conocer estas modificaciones se busca aspirar a una reconstrucción paleogeográfica de la provincia de Cádiz, que es el marco natural donde se va a centrar este estudio. Se sabe, que los asentamientos en la zona de interior (en torno al río Iro) así como los costeros, se vieron afectados en el Holoceno por la Transgresión Flandriense (7500 B.P.), que fue la que originó la formación de las diferentes ensenadas y bahías marítimas, en las que los registros arqueológicos relativos a tiempos post-glaciales y al desarrollo socio-histórico Epipaleolítico han desaparecido (Arteaga y Hoffmann, 1999; Ramos *et al.*, 2008).

Es a partir del IV milenio cuando la transformación del paisaje se hace mucho más evidente; esto es provocado por una mayor erosión y sedimentación evidenciada en los registros geoarqueológicos (Arteaga y Hoffmann, 1999; Arteaga *et al.*, 2008), debido al proceso de deforestación que se lleva a cabo por la necesidad de la madera como materia prima y para el acondicionamiento de los campos para el uso del suelo agrícola y zonas de pasto.La transformación del medio también es consecuencia de los cambios que se van a producir dentro de la propia estructura de la sociedad (Ramos, coord., 2008).

1.2. Los primeros estudios en la provincia

La información escrita más antigua de la que disponemos es el poema "Ora Maritima" de Avieno, el cual describe las costas suratlánticas peninsulares, hace aproximadamente dos mil años. Este poema describe las desembocaduras de los ríos Guadalquivir y Guadalete como amplios estuarios no rellenos por los sedimentos que en la actualidad lo ocupan. No será hasta los siglos XVI, XVII y XVIII, cuando se realiza por cartógrafos españoles y extranjeros, un estudio de la zona, debido a su interés por la bahía de Cádiz y Gibraltar (Gutiérrez *et al.*, 1991). Los estudios geológicos con detalle, comenzaron con retraso en la provincia de Cádiz, a diferencia de otras zonas, como la central y oriental en la cordillera Bética. Esto se debió a la escasez de yacimientos minerales de interés económico en la zona. Pero esta situación, cambió desde finales del siglo XIX de la mano de los geólogos gaditanos José Mac-Pherson y J. Gavala. Este último llevó a cabo un estudio de la evolución de los estuarios del Guadalete y Guadalquivir a partir de planteamientos de base historiográfica (Gutiérrez *et al.*, 1991; Borja, 1994, Ramos, coord., 2008).

1.3. Geomorfología

La provincia de Cádiz cuenta con una extensión de unos 7436 km². Se encuentra al Sur de la Península Ibérica y separada de África por el Estrecho de Gibraltar. Forma parte tanto de la zona occidental de la Cordillera Bética, como de la Cuenca del Guadalquivir. A grandes rasgos, la provincia de Cádiz está dividida en tres zonas naturales, que se encuentran diferenciadas por el relieve, las estructuras de sus materiales, el clima, la vegetación, entre otros elementos. A estas tres zonas se las conoce como: el Litoral, la Campiña y la Sierra. Estas unidades morfológicas se constituyen en un conjunto geográfico mayor, como son la Cordillera Bética, la Depresión del Guadalquivir y el Golfo de Cádiz, los cuales se encuentran geológicamente ligados entre sí (Gutiérrez *et al.*, 1991). Los materiales más antiguos que aparecen son del Triásico (251,0 ± 0,4 millones de años y acabó hace 199,6 ± 0,6 millones de años.), es decir paleozoicos.

La constitución geológica de la provincia de Cádiz, se tiene que comprender con la existencia de diferentes unidades tectónicas. Estas constituyen un conjunto de materiales de distinta edad y litología que han sido deformados como solo un paquete. La mayor parte de extensión de la provincia de Cádiz está constituida por rocas sedimentarias, las cuales se han formado por diversos procesos: erosión, transporte y sedimentación. A diferencia de las rocas metamórficas, que son inexistentes y las ígneas aparecen muy escasamente. La presencia de fósiles marinos en la mayoría de los materiales de la provincia de Cádiz es muy evidente (Gutiérrez *et al.*, 1991). La red fluvial de la provincia de Cádiz se distribuye en dos vertientes, la Atlántica y la Mediterránea, cuya divisora de aguas es el conjunto de sierra y serranías.

Por la provincia discurren tres principales ríos: el Guadalquivir, el Guadalete y el Bárbate, que desembocan en el Atlántico. De menor importancia hay que añadir los ríos Salado de Rota, Chiclana y Conil entre otros y el Palmones, Guadarranque y Guadiario que desembocan en el Mediterráneo (Gutiérrez *et al.*, 1991). Tanto el Litoral, como la Campiña se encuentran en la parte más occidental. Presentan unos relieves suaves (casi llanos) con unas altitudes inferiores a 100 m. El Litoral se caracteriza porque se extiende desde la desembocadura del Guadalquivir hasta el área del Estrecho; mientras que por el interior, la Campiña se prolonga por el Norte hacia la provincia de Sevilla, con la que enlaza geológica y morfológicamente. Por el Este, alcanza las sierras del Aljibe y Grazalema, con las que conecta de forma brusca. La Campiña ocupa más del 50% del área total de la provincia, siendo la zona donde más se observa el uso del suelo con actividades agrícolas (Gutiérrez *et al.*, 1991).

1.4. Los suelos

Conforman la capa superficial del terreno, rica en materia orgánica, y de vital importancia para el hombre, ya que las zonas donde se van a desarrollar diversas labores agrícolas por excelencia, son aquellas que tienen suelos muy ricos y bien desarrollados. El origen y formación de los distintos tipos de suelo están condicionados por diferentes factores como el clima, la topografía, el tipo de roca madre y la vegetación, entre otros. Gracias a la gran variedad geológica, topográfica y climática, característica de la provincia, se ha producido la formación de una gran variedad de suelos (Gutiérrez *et al.*, 1991).

1.5. El litoral

La costa atlántica de la provincia de Cádiz comprende desde la desembocadura del río Guadalquivir hasta el Estrecho de Gibraltar. Presenta una gran variedad paisajística relacionada con las unidades geológicas que jalonan la costa y su compleja evolución (Gracia y Benavente, 2000). La costa gaditana se ubica dentro de la zona Subbética de las Cordilleras Béticas, formada por materiales mesozoicos y cenozoicos plegados por la orogenia Alpina. En esta zona predominan *"afloramientos propios de los episodios geológicos Neógenos y Cuaternarios cuyas series aparecen en su mayor parte discordantes sobre los materiales triásicos infrayacentes. Las facies neógenas pre-orogénicas arrancan con las margas "albarizas" del Mioceno Inferior-Medio, cuyo afloramiento más representativo corresponde al área de Chipiona. La secuencia general se continúa con las series post-orogénicas del Mioceno Superior del sector de Vejer, y la del Plio- Pleistoceno con rasgos marinos conglomeráticos abundantes en fauna; ésta última algo más diversificada espacialmente que las anteriores y de especial significación en el entorno de San Fernando ("piedra ostionera"). Finalmente, todo el conjunto se culmina con niveles continentales detríticos finos y gruesos del Pleistoceno"* (Borja, 1994). La Bahía de Cádiz se originó mediante la formación de una depresión tectónica durante el Mioceno superior – Plioceno. Fue en este período, el Plioceno, cuando se originó una ensenada en esta depresión por la entrada del mar (Gutiérrez et *al.*, 1991; Gracia y Benavente, 2000). Durante el Cuaternario, se produjeron diversos hundimientos y ascensos de la corteza terrestre (oscilaciones eustáticas) desarrollo de llanuras aluviales, y durante épocas transgresivas la formación de depósitos en la zona del litoral (Zazo, 1980).

En lo que se refiere a su evolución reciente hay que fijarse en la desembocadura del rio Guadalete, ya que es el responsable de las características físicas y la transformación paisajística de la zona (Borja, 1994). En concreto, durante el Holoceno se desarrolló una gran llanura aluvial costera asociada al río Guadalete, concretamente en la zona de la mitad norte de la Bahía. Debido a la transgresión Flandriense (hace unos 5000 años) la llanura se inundó y la línea de costa retrocedió.

El mar sufrió leves oscilaciones que favorecieron el desarrollo de flechas litorales. Estas flechas y contraflechas fueron causantes del proceso de cierre y transformación paisajística de las actuales marismas de las poblaciones de San Fernando y Chiclana (Borja, 1994). Sin duda, hay que ser conscientes de estos cambios que se generaron durante el Holoceno, ya que marcarán las pautas para poder documentar y entender los yacimientos próximos a la costa, puesto que el mar ha sufrido un lento descenso desde el máximo eustático holoceno, hasta hoy. Esta evolución de litoral, se puede observar en la siguiente secuencia de imágenes (Alonso et al., 2009).

1.6. La Campiña

Se localiza en la zona más interior de la provincia y se extiende especialmente por la parte occidental de la provincia. Se trata de una zona suavemente alomada que va desde el nivel del mar hasta los 300 m. de altura (Gutiérrez *et al.*, 1991). El paisaje de la zona de sierras se caracteriza por crestas y cuestas labradas sobre areniscas del Aljibe, que con una dirección NE – SW dan lugar a relieves estructurales por la red fluvial. La verticalidad lateral de algunos de las principales cauces fluviales ha generado valles de gran importancia, como es el caso del Arroyo de la Cueva (Ramos, coord., 2008). Al llegar a la llanura de inundación, los barrancos y torrentes afluentes a los valles principales, las pendientes se suavizan, provocando el surgimiento de conos de deyección (Gracia, 1999). Los relieves son muy suaves debido a la existencia de un sustrato geológico fácilmente erosionable (arcillas y arenas del Neógeno). Durante episodios del Cuaternario reciente, el nivel del mar estaba más alto que el actual; esto también generó cambios en el relieve. Arroyos como el Salado y de la Cueva también debieron verse afectados en sus tramos más bajos. Asimismo, el río *Iro* se vería afectado en sus tramos más bajos por la acción de las mareas, convirtiéndose en estuario (Gracia, 1999). Desde el punto de vista litológico puede indicarse que esta área se encuentra formada en su mayoría por materiales de época del Mioceno superior, compuesta por margas, arenas y calcarenitas, arenas y conglomerados del Plioceno, diversos depósitos cuaternarios y diferentes materiales arcillosos del Triásico Subbético (Gutiérrez *et al.,* 1991). El suelo está también condicionado por el tipo de cobertera vegetal, que está sujeta a factores climáticos y geológicos ya citados. La práctica de la agricultura, la ganadería, el uso forestal, etc…también son factores que condicionan el suelo. Todos los factores anteriormente combinados son los que van a dar lugar a una cierta variabilidad y complejidad de los suelos del área.

1.7. La Sierra

La Sierra ocupa también una gran extensión, al igual que la Campiña. Constituyen una zona geográfica de características singulares, sobre todo desde el punto de vista climatológico, ya que su proximidad al mar y su relativa altitud, producen la interceptación de frentes nubosos procedentes sobre todo del Atlántico, lo que provoca que se alcancen niveles elevados de lluvias. Debido a esto, la Sierra es el principal núcleo hidrográfico de la provincia, aportando agua tanto hacia la vertiente atlántica, como a la mediterránea (Gutiérrez *et al.,* 1991). La Sierra se puede dividir en dos zonas, por sus características geológicas, geográficas y por su vegetación: al sur de la Sierra del Campo de Gibraltar, de naturaleza silícea y arenisca, con una fuerte vegetación caracterizada por espesos bosques de alcornoques, encinas, etc. Los relieves de este conjunto de sierras están constituidos por diversas unidades del denominado Flysch del Campo de Gibraltar entre las que predomina la extensión de sus afloramientos y la potencia de sus series estratigráficas, la Unidad del Aljibe.; al NE se encuentra concretamente en la Serranía de Grazalema, de naturaleza fundamentalmente calcárea, que presenta las mayores pendientes y los relieves más escarpados, encontrándose en ella el punto más alto de la provincia El Torreón en la Sierra del Pinar (1654 m.) (Gutiérrez *et al.,* 1991).

Cuando el suelo tiene una pendiente muy acusada y poca vegetación, provoca que la roca madre prácticamente se quede al descubierto como ocurre en la zona de sierra del NE de la provincia; por el contrario en la sierra de la zona del Campo de Gibraltar, la cobertura vegetal muy extensa, no solo impide la erosión, sino que genera suelos profundos, que absorben gran cantidad de agua, lo que disminuye en parte la escorrentía superficial, y por ello, el suelo se erosiona menos (Gutiérrez *et al.,* 1991). La Sierra de Cádiz tiene un elemento común, que es el río Guadalete que atraviesa y conecta en un trazado de unos 170 km. La mayor parte de los municipios de la sierra hasta su desembocadura en la Bahía de Cádiz, constituyendo por tanto el principal colector de la banda atlántica (López, 2008). Esto será motivo y causa de que muchos yacimientos se encuentren localizados en zonas muy concretas en aquella época, pero que hoy no entendemos su localización.

CAPÍTULO 2

DEL ORIGEN DE LAS SOCIEDADES TRIBALES A LAS SOCIEDADES CLASISTAS

2.1. Antecedentes e historiografía de la investigación

Los estudios e investigaciones sobre las ocupaciones humanas en la Prehistoria reciente en la provincia de Cádiz son muy recientes. El punto de partida lo pondrán las primeras prospecciones superficiales en la zona litoral de la provincia que se llevarán a cabo durante los años 80 del siglo XX. Prospecciones y excavaciones de urgencia en el término municipal de El Puerto de Santa María, como las de Cantarranas, Las Viñas (Ruiz y Ruiz, 1989) y Pocito Chico (Ruiz y López, 2001); al igual que La Dehesa y la necrópolis de Las Cumbres, próximos al yacimiento de Castillo de Doña Blanca (Ruiz, 1991). En la zona de la Bahía de Cádiz, hay que destacar los yacimientos de El Estanquillo (San Fernando) (Ramos, 1993; Castañeda, 1997), La Mesa (Chiclana de la Frontera) (Ramos *et al.*, (Eds.) 1999), La Esparragosa (Chiclana de la Frontera) (Pérez *et al.*, 2005), El Retamar (Puerto Real) (Ramos y Lazarich, eds. 2002) o los últimos del Campo de Hockey (San Fernando) que constituyen una de las mayores novedades para entender y tratar el estudio de los primeros poblados estables con estas cronologías (Vijande, 2009; 2010). En la propia ciudad de Cádiz es de justicia destacar la figura de Pelayo Quintero, quien documentó varios registros prehistóricos en sus estudios de las ocupaciones púnicas de la ciudad, en las primeras décadas de 1900. La profesora María Lazarich, realizó la recopilación de datos procedentes de los materiales depositados en el Museo de Cádiz de excavaciones de urgencias, en las décadas de los 80 y 90 (Vijande, 2006; Ramos, coord., 2008).

En la zona de la Sierra de Cádiz, en los años 80 se comienza a realizar un primer avance en el proceso de documentación de yacimientos, pero no será hasta una década después cuando los municipios del entorno comenzaron a tener conciencia y preocupación sobre la protección y puesta en valor de su patrimonio natural y cultural que poseían. Los municipios de Arcos, Espera, Bornos y Villamartín son las zonas más ricas y con yacimientos más antiguos que se localizan en la serranía de Cádiz. Investigaciones de las últimas décadas plantean que tanto la sierra gaditana, como la malagueña tienen una fuerte presencia de hábitat en cuevas y abrigos a la vez que las manifestaciones megalíticas confirman que esta zona se transforma también en época neolítica final - calcolítica. Las prospecciones y las investigaciones sistemáticas de la serranía gaditana han propiciado el poder conocer esos "vacíos poblacionales" que en décadas anteriores se creían que existían en esta zona. Proyectos como *"Prospecciones Arqueológicas Superficiales en la Manga de Villaluenga"* llevaron a cabo una labor de documentación de numerosos depósitos con cerámicas desde el Neolítico Medio-Final a la Edad del Bronce (Santiago et *al.,* 1997: 18) o el denominado "Proyecto Arqueosierra" que llevo a cabo la *"Ruta arqueológica de los Pueblos Blancos"* por toda la zona de la serranía (López, 2008).

En esta zona ha tenido una gran importancia la presencia humana, ya que se encuentra conectada con la Bahía de Cádiz mediante el río Guadalete, siendo éste el principal colector de la sierra con la banda atlántica gaditana. Esto se observa claramente en la distribución de los asentamientos humanos, tanto en la zona de sierra como en la de la campiña, marcando sin duda su ubicación la cuenca del rio y sus valles interiores (López, 2008). En concreto para este estudio, los yacimientos de la Prehistoria reciente en esta zona, comenzando por todos los de época neolítica, se caracterizan por ser asentamientos al aire libre. Estos se encuentran localizados en cerros elevados como el caso de cerro de *Esperilla* (Espera) o *Cabezo de Hortales* (Prado del Rey) (Gutiérrez *et al.,* 2000) y algunas cuevas como las documentadas en *La Dehesilla* y *El Parralejo* (Acosta y Pellicer, 1990:53; Acosta, 1995), y en complejos como el de Veredilla (Benaocaz) o la *Cueva del Hundidero-Gato* (Benaoján) donde se puede asociar con la presencia de inhumaciones (Mora- Figueroa, 1976:97-98). Progresivamente se han documentado yacimientos con claras estructuras de almacenaje (silos), siendo el caso de *El Jadramil (*Arcos de la Frontera) (Lazarich, 2003), La Esparragosa (Chiclana de la Frontera) (Pérez *et al.,* 2005), SET Parralejos (Vejer de la Frontera) (Villalpando y Montañés, 2009) entre otros sitios.

Otra área importante son los llanos próximos a Villamartín. Se trata de una zona de gran importancia de la serranía gaditana donde se han podido documentar varios asentamientos al aire libre, que se pueden vincular claramente a la necrópolis de Alberite (Ramos y Giles, 1996). También se han documentado registros en la Cueva de las Motillas (Santiago, 1983), depósitos como VR-8 (Gutiérrez *et al.*, 2000) y en la VR-15 (Santiago *et al.,* 1997) (López, 2008). Gracias a la continuidad de las investigaciones en los últimos años, se ha generado una gran producción de artículos en revistas científicas, tanto a nivel nacional como internacional, por tanto una ayuda esencial para la investigación.

2.2. Origen y evolución de las sociedades tribales comunitarias a las clasistas

El modo de producción de estas sociedades se caracteriza por estar basado en la agricultura y la ganadería, y alternando el marisqueo en las zonas próximas al mar. Esto lleva a obligar a estas formaciones, a un tipo de vida sedentaria que, da origen a unos campamentos bases o pequeñas aldeas. Estas sociedades comunitarias crecieron de manera progresiva a un tamaño demográfico, gracias al aumento paralelo de la producción de bienes de consumo excedentarios, este hecho a su vez, originó la creación de unas nuevas estructuras de almacenaje. Todas estas transformaciones llevarían al origen de unas contradicciones sociales, ya que al principio de estas sociedades comunitarias, tanto la producción e inversión del trabajo era un bien colectivo y acumulado (Vargas, 1987:18). La pertenencia a la comunidad estaba regulada sobre todo por las relaciones de filiación directa (Ramos, coord., 2008). Este progreso productivo, viene producido por las mejoras tecnológicas y nuevos modos de producción, que a su vez obligarán al surgimiento y consolidación del nuevo modo de producción, generando diversos modos de vida y de trabajo en función de los recursos y actitud del propio grupo. La propiedad de los bienes, sigue siendo colectiva, sobre todo la tierra, pero también los propios recursos cinegéticos e industriales (líticos). Esto es la base del surgimiento de "fronteras" con otros grupos o aldeas afines con los que se pueden establecer relaciones de intercambio, siendo clave en la zona de desarrollo de la llamada Revolución Neolítica (Childe, 1979; Bate, 1998:86). Son sociedades donde el parentesco regula y condiciona todas las relaciones sociales de producción y de reproducción social (Ramos *et al*, 1999). Se comienza a realizar un intercambio de productos y bienes, generando una circulación de materiales como el sílex, ámbar, rocas exóticas, rocas subvolcánicas y materiales importantes para esta sociedad y que no tienen acceso directo a ellos (Domínguez-Bella *et al.*, 2008). Por tanto, estas sociedades tribales comunitarias tienen una base de igualdad, pero que poco a poco se comienzan a jerarquizar por los diversos modos de vida y de producción y la evolución de las relaciones parentales hacia relaciones políticas (Bate, 1984). El surgimiento de un grupo dominante hace que se abandone la igualdad comunitaria primitiva y esto lleva hacia una transición clasista. La clase dominante se va separando de la base parental inicial que cada vez más es explotada, siendo la primera la que se adueña de la fuerza de trabajo y de los excedentes producidos (Ramos, 1999).

2.3. El proceso histórico de la Prehistoria reciente del litoral al interior de la provincia de Cádiz

Con el Historicismo se buscaba el control y ordenación de los materiales y su adscripción a un territorio, con la finalidad de definir los límites de las "culturas" y utilizando para ello a la cerámica con los diferentes estilos. El término "*Neolítico*" es un concepto que se utiliza para aludir al período histórico que transcurrió desde la segunda mitad del VI milenio a finales del IV milenio a.n.e. Aunque fue a finales del V milenio a.n.e. cuando surgió una economía basada en prácticas agrícolas y ganaderas, no fue hasta el IV milenio a.n.e. cuando estas transformaciones se vieron más acentuadas. Se consolidaron actividades tradicionales como la caza, la pesca y el marisqueo; también surgió un desarrollo en las prácticas económicas y modos de trabajo diversificados, al igual que nuevos cambios en el seno de la organización económica, social y política, siendo la base de las sociedades clasistas iniciales del III milenio a.n.e. (Arteaga, 2002; Ramos *et al.*, 2015). La explotación continuada de un territorio concreto con movilidad estacional y sedentaria, permitía el conocimiento del mismo al igual que el conocimiento

de las diferentes especies vegetales que recolectaban (Vargas, 1987), lo mismo sucedía con la fauna que empezó a domesticarse destacando caballos, bóvidos y cabras (Cáceres, 1997). Estos cambios se observan también en los diferentes registros funerarios documentados en la provincia de Cádiz durante este período, ya que están diferenciados a grandes rasgos entre enterramientos: en silos y en dólmenes, tener en el ajuar objetos de prestigio o no, etc... (Ramos, coord., 2008; Vijande, 2010). El patrón de ocupación del territorio se caracteriza por la existencia de asentamientos estables y otros que corresponden a expediciones de forma estacional-temporal (Vijande, 2010; Ramos y Cantalejo, 2015). Gracias a las excavaciones arqueológicas se ha podido comprobar que los poblados y asentamientos son claramente característicos de comunidades tribales con zonas de hábitat, áreas de almacenaje (campos de silos), así como espacios y lugares de producción, lo que refleja un modo de vida aldeano. Tanto la caza, la pesca, el marisqueo y la recolección, debieron de realizarse mediante intentos de ensayo de domesticación y siembra. El surgimiento de la agricultura debió suponer un aumento en la seguridad del grupo, ya que generaba un sustento alimenticio importante (Vicent, 1991; Vijande, 2010).

Progresivamente tanto la agricultura como la ganadería, se convirtieron en el pilar básico de estas sociedades, adquiriendo un mayor protagonismo en el desarrollo de aldeas permanentes y dando lugar a una concentración poblacional en un territorio determinado. La fuerza de trabajo se invertiría en la defensa y expansión del territorio (Vargas, 1987; Ramos, coord., 2008, Vijande, 2010). La explotación continuada de un territorio junto con una movilidad estacional y con un comportamiento sedentario, permitía el conocimiento de éste, concretamente ocurriría con las especies vegetales que recolectaban (Vargas, 1987) (Ramos *et al*, 2004-2005). Estudios geoarqueológicos, aportan datos que indican que el paisaje sufrió grandes transformaciones, debido a la deforestación que se produjo, ya fuera por la necesidad de un uso elevado de la madera o por la necesidad de zonas de pasto o de campos para un uso extensivo agrícola (Arteaga y Hoffmann, 1999). Esta trasformación del medio es a su vez consecuencia de los cambios que se van a producir en la sociedad, por tanto, se darán de manera paralela (Ramos, coord., 2008).

En la provincia de Cádiz se pueden observar dos tipos de asentamientos, según su localización: costeros, localizados en los entornos de San Fernando, en el ámbito de la Bahía de Cádiz y Conil de la Frontera y entornos de Chiclana de la Frontera, localizados en las cercanías del río Iro; mientras que la zona de interior de la Sierra de Cádiz, se verá condicionada por el entorno y teniendo un elemento común y de comunicación, que es el río Guadalete, el cual atraviesa y conecta en un trazado de unos 170 km. la mayor parte de los municipios de la sierra hasta su desembocadura en la Bahía de Cádiz, constituyendo por tanto el principal colector de la banda atlántica (López, 2008). Los asentamientos vinculados a la costa son referentes en la explotación de recursos marinos, como la pesca y marisqueo. Esto se verá claro en las industrias líticas específicas para estas labores (hojas y lascas retocadas, denticulados y microlitos geométricos), por otra parte destaca la ausencia de elementos tecnológicos que muestran una actividad agrícola. El tamaño y la configuración del asentamiento hacen pensar en la estacionalidad cíclica que controla y busca los recursos de pesca y marisqueo y de caza, y con una vinculación a otros asentamientos más al interior ubicados en entornos que comienzan a practicar la agricultura. Entre esos yacimientos destaca La Mesa (Chiclana de la Frontera) y La Esparragosa (Chiclana de la Frontera), donde se muestra una tecnología lítica para prácticas agrícolas y cerámicas destinadas al consumo y almacenaje. Tanto estos asentamientos en el entorno al rio Iro (interior) como los costeros, se verían afectados en el Holoceno por la denominada Transgresión Flandriense (7500 B.P.) esto supuso que el nivel del mar se elevará afectando a varias zonas (Ramos, coord., 2008).

Por tanto, estas sociedades entre el VI - IV milenio a.n.e. hay que entenderlas como aldeas con una economía de base agrícola en su totalidad que se vería complementada de manera estacional con la explotación de recursos costeros. Sería en momentos previos al inicio y desarrollo del fenómeno conocido como campos de silos, (como se documenta en yacimientos como Las Viñas y Cantarranas en el Puerto de Santa María, en el periodo concretamente de transición del IV al III milenio a.n.e.), cuando comienzan los procesos de centralización de la producción y pasando a circuitos de redistribución de esos excedentes (Ramos, coord., 2008: 348). La importancia de los enclaves en la campiña se basa en la diversificación de actividades de caza y recolección de vegetales con actividades de marisqueo y pesca, sin quitarle importancia al medio y a una naciente agricultura y ganadería, unas prácticas productivas que poco a poco irán transformando las relaciones sociales de producción y reproducción (Ramos *et al.*, 1999). En la zona de la campiña jerezana se encuentran núcleos de población establecidos en zonas montañosas, de hábitat de cuevas, pero poco a poco comienzan a ocuparse las tierras bajas de campiña y marisma, así como los primeros poblados al aire libre. Existe una estrecha relación con los afloramientos de materias primas y el surgimiento de poblamientos que localizan y controlan ese territorio (Ramos, coord., 2008). Estas pequeñas sociedades tribales se caracterizan por pequeños asentamientos, constituidos por unidades familiares centradas en la producción autosuficientes, no jerarquizados (Arteaga, 1992). Estos espacios se encuentran en un radio de influencia de otros poblados de mayor entidad, esto establece un modelo de relaciones entre un centro y su periferia, conformándose en una periferia a nivel macroespacial (Arteaga y Hoffmann, 1999; Ramos *et al.*, 1999).

En la zona de la serranía gaditana se observa algo parecido, donde predominan los asentamientos al aire libre y en cuevas en las primeras etapas del Neolítico. Estos yacimientos responden al concepto de "colonización de las campiñas" debido a la implantación de una economía de producción y que se irá progresivamente implantando en toda la Baja Andalucía en la época final del Neolítico y los inicios del Calcolítico (Arteaga, 2002). El poblamiento de estas zonas desde el Neolítico hasta la Edad del Bronce se caracteriza sobre todo por cuevas, abrigos y covachas que mostrarán un nivel de vida adaptado a la economía pastoril, propia de las zonas montañosas. Este modelo de *"hábitat en cueva"* es característico del origen autóctono del Neolítico en las cuevas de la Subbética andaluza, estos poblamientos tenían que ser en un principio de tipo estacional o temporal (López, 2008). El mayor registro se documenta en la zona de la serranía mediante cerámicas del Neolítico Medido-Final y del Calcolítico, dando a entender que se está ante hábitat de manera temporal (López, 2008). El paisaje escarpado muestra que la agricultura era prácticamente imposible practicarla y a su vez se reafirma la clara orientación ganadera, sobre todo de zona de tránsito de ganado, ya que en muchas ocasiones las simas, suelen ser utilizadas como estructuras funerarias (Guerrero, 1985:32). Aunque tradicionalmente se ha considerado que el denso de la población desde época neolítica comienza a trasladarse de zonas de la sierra a zonas de la campiña con el fin de encontrar tierras aptas para el cultivo, convirtiéndose la serranía en parte de la periferia de los grandes focos poblacionales del Bajo Guadalquivir a partir del III milenio a.n.e. (Nocete, 1994; 2001), esto no es del todo cierto, ya que se han documentado algunos yacimientos con cerámica semejante a las poblaciones del Bajo Guadalquivir (Otero, 1987).

Durante el Calcolítico se observa un marcado descenso de hábitats de zonas de cuevas a zonas al aire libre con grandes afloramientos de materias primas silíceas, con un control estratégico de ellos y en los que parecen localizarse grandes talleres al aire libre, y es que mediante las últimas investigaciones se ha puesto de relieve la importancia de las materias primas y de un poblamiento destinado a la explotación del sílex de la comarca. En palabras de Francisco Nocete: *"[...] la aparición de grandes concentraciones de poblamiento en las áreas del Piedemonte Subbético* [se explica por] *la pluralidad económica, por un lado el concepto de la "puerta de entrada" hacia los grandes pasos naturales intrabéticos por motivos de gestión ganadera [...] y por los importantes flujos de materias primas silíceas que se desarrollan en esta comarca."* (Nocete, 2001: 77). Junto con el control de las materias primas, se va teniendo un control progresivo de los caminos y pasos naturales, esto genera unos emplazamientos más estables y la creación de unos núcleos poblacionales más organizados y en conexión con otras poblaciones de menor entidad, creando así una relación entre poblaciones. La organización espacial de las propias aldeas reflejará la organización social. Esto muestra que, habrá aldeas de productores y otros poblados que se apropiarán de la fuerza de trabajo, de los tributos y de los excedentes. El profesor Oswaldo Arteaga expresa estas relaciones territoriales y de dependencia: *"[...] desde esta expectativa teórica cada centro de poder, contando con núcleos secundarios articulados con la ayuda de fortalezas dependientes, coercitivamente podría mantenerse como un representativo núcleo agropecuario: respecto del cual quedaría organizado el sistema tributario, que de una manera colectivista (Arteaga, 1992) subordinaría a las distintas comunidades aldeanas: diversamente especializadas en alguna parcela productiva, y por lo mismo en esta parcela de especialización productivamente excedentarias, al mismo tiempo que precarias en otras parcelas productivas dependientes del sistema de redistribución controlado por el Estado.*" (Arteaga, 2002: 277; Ramos, coord., 2008). Todos estos cambios se produjeron en Andalucía, y en concreto en esta área de estudio, la provincia de Cádiz. Se puede observar un aumento considerable de los asentamientos poblacionales entre la segunda mitad del V y la primera mitad del IV milenio a.ne. (Nocete, 2001; Arteaga, 2002), sobre todo en la zona de la Bahía de Cádiz (Pérez, 2003; Ramos, coord., 2008; Vijande, 2010). Tanto la tierra, como los recursos y los miembros de la comunidad, forman parte de un patrimonio comunal, dando lugar a una "*territorialización*" (Vicent, 1991).

El excedente generado por la intensificación de las prácticas agrícolas y ganaderas precisaría de nuevas instituciones que garantizaran la defensa bélica de la propiedad comunal, la administración económica y la resolución de conflictos internos. El desarrollo de instituciones se efectuaría mediante la representación superestructural de las relaciones sociales de producción bajo relaciones de parentesco (Bate, 2004). Por tanto, las diferencias entre la "clase productora" y la "clase gerencial" se acentuarían considerablemente (Bate, 1984). Surgieron nuevas relaciones basadas en los lazos sanguíneos y el linaje se garantizaría por la reproducción del grupo, procurando el acceso a los recursos únicamente a sus miembros y a futuras generaciones (Vicent, 1991; Ramos, coord., 2008; Vijande, 2010). Esto dio lugar a una legitimación ideológica, como puede verse reflejado en estructuras megalíticas, expresiones artísticas, las decoraciones de los diferentes objetos cerámicos, de adorno, entre otros bienes pertenecientes a la tribu (Ramos y Giles, eds. 1996; Cámara, 2002; Pérez, 2003; Bate, 2004). Poco a poco se comienza una consolidación de la tribalización y una transición al estado. Esto nos lleva a las etapas denominadas Calcolítico o Edad del Cobre que cronológicamente se sitúa en el III milenio a.n.e. Las comunidades de esta época muestran una clara contrastación diacrónica de determinados asentamientos localizados concretamente en la zona de la Campiña Sur, ejemplos como La Mesa o Loma de Puerto Hierro entre otros, representan a esos enclaves. Estos lugares se caracterizan por unas tierras ricas y de buena productividad, una posición excepcional para ser defendida entre otras cualidades que propiciaron que las sociedades tribales decidieran establecer su asentamiento y sus modos de producción a largo plazo (Ramos *et al.*, 1999).

En la zona de serranía este tránsito lo determina la presencia del dominado "Horizonte Campaniforme" que a su vez destaca por una continuidad del tipo de hábitat

en cueva durante la Edad del Bronce. Sobre todo, poblados con un gran interés sobre el "control de territorio" y de fácil defensa, que viene en estrecha relación con algunas necrópolis megalíticas que se ubican en relación a éstos. Será en épocas del final de la Edad del Bronce cuando desaparecen definitivamente los asentamientos en cueva en la serranía de Cádiz, a excepción de algunas zonas concretas de pastoreo, pero predominan sobre todo los yacimientos localizados en la cuenca media del río Guadalete asociados a poblados de "fondos de cabaña" y estando localizados en la periferia del cauce del río (Gutiérrez *et al.*, 2000). La campiña es un territorio con una gran importancia económica, debido al elevado potencial agropecuario, complementado con los trabajos de caza, pesca y recolección. Estos territorios se encuentran ubicados en las principales zonas de cursos fluviales, y es que los ríos jugaron un papel importante en la comunicación entre las zonas de interior y la costa. Concretamente la campiña sur tiene tres principales cursos fluviales: río Iro, río Salado y río Barbate, éste último se encuentra vinculado con la Laguna de la Janda, lo que da una visión de tres espacios o regiones geográficas que se encuentran relacionadas y teniendo contacto con territorios del interior y la costa.

Concretamente los poblamientos que se encuentran en esta zona de los diferentes cursos fluviales son tierras muy fértiles para la agricultura, pero también para la ganadería, en tierras de tipo parda forestal. Por tanto, se entiende, que estas poblaciones tenían que tener unos grandes conocimientos del medio, las condiciones atmosféricas y sobre todo las desfavorables, junto con el conocimiento de plagas en los cultivos o epidemias en el ganado, pero todo esto no constituían las únicas amenazas que controlarían estas poblaciones; a ellas se tendrían que añadir, otras problemáticas no naturales, como son los saqueos por parte de otras poblaciones cercanas, entre otros sucesos que pueden poner en peligro la subsistencia de la tribu. Por ello, entre otros problemas, serán cuando deberán alcanzarse niveles excedentarios que cubrieran periodos de retroceso productivo y la posibilidad también de obtener bienes que se encontraban en circulación por las diferentes vías de circulación (Ramos *et al.*, 1999). Las contradicciones entre la fuerza productiva y las relaciones sociales de producción se hacen más palpables, provocando un nuevo tipo de sociedad caracterizada por la división más clara de clases y donde las desigualdades se marcan cada vez más. Esto genera que una parte de la población son productores directos y otra parte menor de la población se apropia de dicha producción, generando una clase de explotadores y explotados, en conclusión, una explotación clasista (Bate, 1998:89).

En el III milenio a.n.e. las transformaciones en la estructura social tribal generan en paralelo una transformación hacia la nuclearización de los poblados, afianzando la sociedad clasista inicial. Este proceso intensificó la economía, apareciendo así ejemplos de poblado central que domina el territorio y tiene una relación de tipo político centro-periferia respecto a los grandes poblados nucleares del valle del Guadalquivir en el III y II milenio a.n.e. Estos grandes poblados articulan el territorio como centro o área nuclear de un modelo socioeconómico prístino, siendo éste, ejemplo de cómo centro de producción, redistribución y consumo. Se aprecia por tanto, una clara nuclearización de los poblados importantes situados sobre grandes zonas fértiles (Ramos, coord., 2008). Investigaciones recientes determinan que hacia el III milenio a.n.e. el territorio de la provincia de Cádiz estaba muy poblado, sobre todo el territorio de la banda atlántica de Cádiz, con unos 62 sitios controlados. Hay que tener en cuenta a los asentamientos que se encuentran en las zonas próximas a cursos fluviales de la campiña sur, ya que los ríos juegan un papel básico en la comunicación entre la costa y el interior (Ramos, coord., 2008:358). La sociedad clasista inicial estaría consolidada ya en el II milenio a.n.e., aunque por escasas evidencia de materiales, ya que tanto en la zona de interior como de costa, no existe una gran cantidad de asentamientos excavados en su totalidad, pero si se observan como muchos yacimientos muestran una distribución que refleja una articulación del territorio y una función de control sobre las cercanías y alrededores. En esta época se aprecia una mayor concentración de población en los asentamientos, aunque también hay presencia de asentamientos con menores dimensiones y de menor dispersión espacial de los productos, que estarían relacionadas con actividades agrícolas y de recolección como muestra la presencia de elementos de hoz, estos asentamientos se localizan en tierras de un gran potencial (Ramos *et al.*, 1999).

Será en estos momentos del avanzado III milenio a.n.e. y la transición al II milenio a.n.e. cuando se encuentren poblados de gran entidad que ejercen un control sobre la producción agrícola. Esto se vincula con un nuevo sistema de relaciones sociales basadas en la producción, las cuales conllevarán un nuevo conocimiento especializado, como fue la metalurgia. Será también en estos momentos cuando se fijen unas nuevas estructuras políticas cada vez más complejas. Por tanto, se encuentra un territorio que es periférico con respecto a la zona nuclear de bajo Guadalquivir (Arteaga, 2002; Ramos, coord., 2008). En este inicio del II milenio a.n.e. se comienza a apreciar una concentración poblacional, sobre todo en zonas altas amesetadas, con una gran visibilidad, desde donde se controlaría el territorio y las vías de comunicación terrestre y fluvial. Esto representa también un aspecto ideológico del poder, ya que estos poblados nucleares, comienzan a ser amurallados, mostrando un afianzamiento de la explotación y de la presencia de un centro de poder (Arteaga, 1992; 2002; Ramos, 2004-2005). Se agudiza también una articulación militarista del territorio, con asentamientos que ejercen funciones del control directo sobre el territorio inmediato, y aparecen enclaves con productos metálicos (Rovira y Gómez, 1994) que explican la coerción ideológica y militar. Existen poblamientos de menor identidad, como eran las aldeas rurales, agropecuarias al interior, pero con una explotación de los recursos marinos en la zona del litoral, esto se puede relacionar con un proceso de descentralización y a su vez de una nueva organización de estado territorial (Arteaga, 2002).

El acceso a la tierra es desigual, por tanto se generan diferencias entre los explotadores, frente a la mayoría de explotados, esto se verá también en la diversidad de enterramientos, abandonando la forma colectiva y surgiendo más el individual (Ramos, 1993; Castañeda, 1997; Ramos, coord., 2008). Cabe destacar que durante esta época Cádiz, sigue siendo una isla (Arteaga *et al.,* 2008) donde en la bahía se produce un proceso de colmatación, como consecuencia de un gran desarrollo de las practicas agropecuarias. En las zonas de litoral, las prácticas de marisqueo siguen teniendo un papel significativo, pero también se documentan presencia de animales domesticados como son: *Bos, Sus y Capra,* documentándose la práctica de la caza. Esto se da en zonas también que no se encuentran directamente cercanas al litoral, mostrando poblamientos con una base económica agrícola y ganadera, pero que aprovechan de manera significativa los recursos marinos (Ramos, coord., 2008). Es significativa la localización de estos sitios en yacimientos que habían sido centros nucleares y en sus territorios de dependencia, lo que vuelve a validar la importancia de las secuencias de Cerro El Berrueco y La Mesa. Se comprueba así que el resto de pequeñas aldeas y asentamientos de base rural y campesina se encuentran en el entorno del río Iro (Casa del Pinto I, Casa del Pinto II) en la campiña de Conil de la Frontera (Loma de Puerto Hierro o Lagunetas II, Camino de los Quintos o Los Olivares) y en la cuenca del río Salado de Conil (Casa de Postas, El Justa). También es destacada la localización de sitios en el litoral de Tarifa, en Baños de Claudio y poblado de Los Algarbes (Ramos, coord., 2008: 369).

En conclusión, se ha expuesto un balance de las ocupaciones prehistóricas en las zonas de la Bahía de Cádiz, campiñas inmediatas y sierra en el periodo comprendido entre el VI -II milenios a.n.e. Se ha prestado especial atención al origen de los primeros núcleos poblacionales, hacia el VI-V milenio a.n.e. donde se tiene presencia de pequeñas aldeas y a su vez en la composición social de las comunidades, a sus contradicciones internas y al control social ejercido desde los centros de poder y a los efectos que tienen las nuevas actividades económicas, basadas en la desigualdad. El origen de la agricultura y la ganadería conlleva una intensificación económica, que genera unos efectos directos sobre el medio natural. Estos hechos, comportarán grandes cambios en el paisaje, como ocurrió con el proceso de deforestación, que ocasiona arroyadas y fenómenos erosivos. En paralelo a la jerarquización social se produce una mayor transformación del medio natural. Dependiendo de la zona donde nos encontremos, se observará una ordenación del territorio muy diferente, ya que no se dan unos mismos poblamientos en zonas de litoral o campiña, que en la zona de serranía. Estos últimos mostrarán un concepto más estacional en sus primeras épocas. A partir del III milenio a.n.e. se fijan nuevas estructuras políticas y sociales que cada vez son más complejas, éstas articulan el territorio con centros nucleares centrales y otros pequeños núcleos que se consideran zonas productoras.

Estas relaciones, no sólo se sustentan por factores económicos sino también por la ideología mítica-religiosa, sobre unas bases de un viejo modelo parental. En el territorio bañado por el litoral, se encuentran muchos asentamientos con una destacada explotación de los recursos marinos, esto vendrá documentado por los registros de malacofauna. En dicho marco se comprenden los procesos de intensificación económica y de aumento de las redes de distribución, como bien demuestra en un territorio de la periferia el análisis de la tecnología lítica tallada y de los objetos de prestigio (Ramos, coord., 2008). Existe una clara distribución diferencial entre productos documentados en los poblados destacados y los que aparecen en las aldeas de productores. La base económica de esta periferia es la agrícola y ganadera, pero en ella se producen todas las explotaciones y contradicciones características de una sociedad clasista inicial (Bate, 1998). La nuclearización de los poblados indicada refleja en la periferia, la expresión política del territorio del estado, con su explotación socioparental y características de tributación de las comunidades aldeanas (Arteaga, 2002: 277). Todos estos cambios que acontecen en las poblaciones desde el VI milenio hasta el II milenio a.n.e. no son sólo económicos, tecnológicos o sociales, sino también se verán estas diferentes manifestaciones funerarias, con la forma de entender la muerte por parte de estas sociedades, y los diferentes rituales llevados a cabo por parte del grupo al difunto, determinarán la época y la clase social de cada individuo.

CAPÍTULO 3

EL MUNDO FUNERARIO DE LAS SOCIEDADES DE LA PREHISTORIA RECIENTE A TRAVÉS DE SUS RITUALES Y ESTRUCTURAS DE ENTERRAMIENTO

3.1. Estado de la cuestión

Durante las últimas décadas se han producido, en esta zona geográfica que se estudia, al igual que en casi todo el territorio nacional, una serie de hallazgos arqueológicos, sobre todo a raíz de prospecciones, que vienen a aportar nuevos datos para la comprensión global del mundo funerario. Desgraciadamente, cierta parte de la información arqueológica existente procede de excavaciones furtivas, con la nula información arqueológica y documental que ello implica, aparte de la propia destrucción del patrimonio. Debido a la coyuntura socioeconómica que vivía el país y en concreto en el sur de la península, se comenzó un proceso tardío de industrialización, acelerando el desarrollo urbanístico. Este *boom* generó el descubrimiento de nuevos yacimientos arqueológicos que produjo una rotura en las teorías e investigaciones que se habían generado décadas anteriores. Este nuevo panorama, con el conocimiento de nuevos yacimientos y datos, aporta una gran información sobre las sociedades prehistóricas, dando a conocer nuevas cronologías, manifestaciones, relaciones espaciales, entre otros hechos, dando una nueva interpretación y planteando la revisión de diversas teorías históricas que habían explicado el registro arqueológico en las últimas décadas. Esto tuvo su punto más alto en los años 90 las diversas excavaciones profesionales y/o de urgencia aumentaron considerablemente, localizando una gran cantidad de yacimientos. Por desgracia, en muchos de los casos el trabajo de campo no ha tenido una continuidad en el laboratorio; a pesar de que muchas de las intervenciones no pertenecían a proyectos de investigación sistemáticos, se han podido desarrollar estudios y analíticas gracias al esfuerzo y tesón de sus investigadores, generando una literatura científica enriquecedora, con el fin de completar poco a poco los vacíos científicos.

Las diferentes manifestaciones funerarias y la denominada Arqueología de la Muerte aportan una información valiosísima relacionada con la vida cotidiana de los grupos poblacionales que habitaron en épocas anteriores. Por una parte, se puede conocer por las diferentes tipologías de las estructuras de enterramientos, documentadas por excavaciones arqueológicas; por otro lado, por el estudio del contenido de la propia estructura, como es: tipo de la inhumación (individual o colectiva), disposición de la misma (primaria o secundaria), ajuar y todo el material que puede contener dicha estructura. El análisis del conjunto, aporta una gran información sobre los posibles cambios internos en las sociedades prehistóricas y sobre las desigualdades sociales que transcienden más allá de la muerte de un individuo.

D. Brothwell (1987) afirmaba que: *"El esqueleto humano representa una materia de investigación no menos fructífera que la cerámica, los metales, la arquitectura o cualquier otro campo de estudio, histórico o prehistórico."*, y es que los huesos humanos no sólo aportan información biológica, sino también una fuente importante de información cultural. "[…] *todo aquello que una población le dedica a los difuntos son aspectos importantes para estudiar qué clase de mentalidad imperaba, de dónde fue tomada, por qué se da en esa zona, qué rango social poseían los cadáveres en vida, etc...*" (Sibón, 2006). Por tanto, los restos óseos no sólo van a aportar información biológica, sino también cultural, ya que existe una serie de vínculos claros entre el mundo de los muertos y el de los vivos, y de ahí el interés por el análisis de los restos óseos -en su contexto- y de sus rituales funerarios. La implantación de la Antropología Física como disciplina para resolver dudas generadas por la Arqueología, ha constituido un nuevo campo de estudio: "la bioarqueología". La antropología física se basa en los conocimientos de la biología evolutiva y la ecología en su afán por profundizar en el conocimiento de los procesos de cambio de los sistemas culturales. Su fuente de información está formada por huesos y dientes, con el fin de obtener información biológica (sexo y edad de fallecimiento) junto con información de estrés fisiológico, nutricional, patrones de actividad; aspectos que revelan estilos de vida, como enfermedades entre otros, siendo indicadores de información individual y poblacional (González *et al.*, 2011:88).

Los rituales serán diferentes para un individuo u otro, y reflejarán el tránsito de una sociedad tribal de grupos familiares a sociedades clasistas iniciales (Arteaga, 1992). Se observa un fuerte paralelismo entre "el estatus" o posición social de un individuo en vida y el tratamiento que recibe en el momento de su muerte por parte de todo el grupo (Castro *et al.*, 1995). El ritual funerario abarca desde la construcción de las diferentes estructuras, las ceremonias y el aporte de objetos simbólicos que conformarán el ajuar (Cámara, 2002). La construcción de las tumbas y la adquisición de los ajuares depositados en ellas conllevan un gran esfuerzo por parte de todo el grupo; los rituales funerarios son un mecanismo que utiliza esta "clase superior", para afianzar la ideología ante el resto del grupo. Por tanto, el receptor del ritual funerario es tanto el difunto como la comunidad (Scarduelli, 1988). Es necesario realizar un análisis exhaustivo de los diferentes poblados con el fin de corroborar o no la existencia de las desigualdades sociales, que se documentan en las diferentes estructuras funerarias, comprobando así, si el ritual está asociado al nivel social al que pertenecía el individuo en vida (Vicent, 1995).

Estas grandes diferencias, se verán sobre todo más marcadas con la aparición del fenómeno del megalitismo. Estas estructuras monumentales, se caracterizan por ser enterramientos en su mayoría colectivos, siendo los individuos allí sepultados una mínima parte del número de individuos total de la comunidad. No toda la población tenía el privilegio de ser enterrada en estas estructuras, sino que los individuos pertenecientes a ella eran depositados en estructuras más modestas y de menor identidad, como son en silo, fosa, cista o cueva natural y/o artificial (Guzmán y Castañeda, 2008).

3.2. Las primeras sociedades cazadoras-recolectoras

En el VI milenio a.n.e. se produjo un gran cambio: el origen de las primeras sociedades productoras generadas por el surgimiento de la agricultura y ganadería. Estas transformaciones socioeconómicas influyeron en la forma de concebir la muerte por parte del grupo (Guzmán y Castañeda, 2008). Las expresiones ideológicas y por tanto, un tímido proceso de desigualdad social, se manifestó también en los rituales funerarios (Ramos y Cantalejo, 2015). En esta área de estudio, la Campiña Litoral y Banda Atlántica gaditana, existen yacimientos con estas cronologías antiguas que ayudan a conocer y entender la concepción de la muerte por parte de estos grupos. Uno de los ejemplos es el yacimiento de El Retamar (Puerto Real), caracterizado por ser un asentamiento al aire libre que, originalmente, se encontrara en plena línea de costa. Esta localización le propiciaba tener un sistema de subsistencia basado en la agricultura y ganadería, junto con el consumo de recursos marinos (marisqueo y pesca) aportando una valiosa información sobre el conocimiento y explotación de los bienes marinos (Ramos y Lazarich, 2002).

En este yacimiento se localizaron por dos enterramientos colectivos en fosa. Albergan restos de más de un individuo, junto con pequeños nódulos de ocre en una de las fosas, a modo de simbolismo. Se documentó un ajuar muy modesto, basado en restos tanto de herramientas de trabajo como de malacofauna (Ramos y Lazarich, 2002). Estos enterramientos se documentan en la misma zona de hábitat, pudiendo marcar una forma de vida seminómada de estos grupos humanos del VI-V milenio a.n.e., denominado Neolítico Antiguo. En la misma línea temporal pero en la zona montañosa, se encuentra la **cueva de la Dehesilla** (San José del Valle), donde se documentó un grupo poblacional cuya economía se basaba en la caza y la ganadería. En cuanto a los enterramientos, se localizaron fosas delimitadas por piedras y con un ajuar muy modesto (cerámica, láminas de sílex y un brazalete de pectúnculo). En estos enterramientos también aparecen restos de ocre, el cual se debe relacionar con el ritual. Debido al pequeño espacio, no existe una clara delimitación entre la zona de hábitat y necrópolis (Acosta y Pellicer, 1990).

En conclusión, en este primer momento, aun no existe una clara diferenciación entre el espacio de enterramiento y el de hábitat. Esto demuestra el posible carácter seminómada y estacional de estos grupos

sociales. El esfuerzo en la construcción de los enterramientos y el modesto ajuar encontrado, como son las cerámicas y herramientas relacionadas con la agricultura, muestran que no existe una clara diferenciación social dentro del grupo (Guzmán y Castañeda, 2008).

3.3. Las sociedades tribales comunitarias

Entre mediados y finales del V milenio y segunda mitad del IV milenio a.n.e. se consolidarán los poblamientos de manera más estable y permanente. Estos poblados y/o aldeas al aire libre aumentan en superficie y a su vez controlan el territorio (Ramos y Cantalejo, 2015). Debido al aumento y control de la explotación agrícola y la consolidación de formas de vida sedentaria y agropecuaria, se comienzan a establecer hábitat junto a un número significativo de estructuras excavadas en el subsuelo a modo de contenedor (silos). Estos campos de silos, informan de la aparición y desarrollo de una producción de excedentes agrícolas, que serán repartidos asimétricamente. Este reparto llevará contradicciones sociales internas generando las primeras desigualdades sociales (Nocete, 2001). Cuando las estructuras de almacenamiento, denominadas silos, pierden su función inicial, algunos de ellos se reutilizan como lugares de enterramiento. Por norma general, se trata de enterramientos colectivos, donde se inhuma una gran parte del grupo, destacando sobre todo la ausencia o falta de ritual, ya que en muchas ocasiones aparecen los restos sin una posición anatómica clara o están incluso revueltos con fauna, cerámica, industria lítica, pero sin ningún tipo de ajuar significativo que se documenta en varios yacimientos con este tipo de enterramientos.

En los yacimientos que se estudian en este trabajo son frecuentes los hallazgos de restos de malacofauna, ya que estos tienen una estrecha relación con ambientes litorales y por tanto, con los recursos marinos. Sitios como La Esparragosa (Chiclana de la Frontera), SET Parralejos (Vejer de la Frontera) o el conjunto Las Viñas-Cantarrana y Base Naval de Rota (El Puerto de Santa María) entre otros. Este tipo de deposición evidencia la relación entre el grupo humano y el papel que tenía la explotación de los bienes marinos dentro de la propia sociedad, sobre todo desde el punto de vista económico/alimenticio. En esta área de estudio, se documentan una serie de sitios con este tipo de enterramientos que se inicia cronológicamente entre el IV mileno a.n.e. y con continuidad durante el III milenio a.n.e. Se trata de La Esparragosa (Chiclana de la Frontera), Las Viñas-Cantarranas (Puerto de Santa María), Base Naval de Rota (Puerto de Santa María), SET Parralejos (Vejer de la Frontera), El Jadramil (Arcos de la Frontera), El Trobal (Jerez de la Frontera), varios yacimientos del casco urbano de Jerez de la Frontera, entre otros.

Con estas cronologías también se documentan algunos yacimientos con enterramientos en fosa y/o cista. Estos últimos se caracterizan por ser inhumaciones construida con ese fin único, a diferencia de los silos, que son más bien una reutilización de estructuras ya fabricadas. La denominada "Cultura de los Silos" se extiende por el Bajo Guadalquivir, en relación con los poblados del Neolítico y Calcolítico, llegando su influencia hasta la Alta Andalucía y la Extremadura portuguesa (Valverde, 1993). Esta hipótesis genera numerosos problemas e interrogantes sobre la funcionalidad de este tipo de estructuras, los silos, los cuales en su origen tienen una clara finalidad de almacenamiento, y tras perder su función original, se utilizan como lugares de deposición de desechos y ocasionalmente como sepulturas. Los enterramientos en silo presentan una gran problemática en su explicación, entendimiento y simbolismo. La diferencia se observa entre la aparición de restos humanos que son muy parciales y mezclados con otros restos óseos de fauna, cerámica y otros restos. Por tanto, es posible que no se trate de enterramientos intencionados; mientras que en otras ocasiones sí se muestra una clara intencionalidad y, por ello, se entiende como una manifestación funeraria con un cuidado ritual asociado (González, 1987).

Esta problemática se deriva de la intencionalidad de los enterramientos en estas estructuras. En muchos de ellos, los individuos aparecen en posición anatómica, mientras que en otros casos se han encontrado los restos en posición secundaria, amontonados o incluso con vestigios faunísticos o artefactos que se depositan con los restos antropológicos (Márquez y Jiménez, 2010:233). Muchos de los silos en los que aparecen restos óseos humanos, se encuentran con ajuares funerarios, como por ejemplo en el yacimiento de Las Viñas (Puerto de Santa María) donde junto a los restos humanos se localizaron 7 vasos cerámicos completos (Ruiz y Ruiz, 1989:10).

En contraposición se presenta el yacimiento de El Trobal (Jerez de la Frontera) en una de las estructuras siliformes, la denominada X-1.A se localizó una gran concentración de restos óseos humanos sin conexión anatómica; al igual que en la estructura B, donde se documentaron en el fondo de la estructura, fragmentos de varios cráneos, junto con restos de fauna y numerosos materiales cerámicos y líticos. De este yacimiento, destaca un ritual de enterramiento muy característico que sus excavadores lo describen así: *"[...] la estructura denominada LL, es quizá la más llamativa desde el punto de vista del ritual funerario. Tiene forma abovedada y sus dimensiones aproximadas son 2,10 m. de diámetro de base y 1 m. de potencia. La boca, con unos 0,70 m. de anchura, muestra indicios de haber estado sellada, ya que en un lateral de la misma encontramos una gran acumulación de piedras calizas de mediano y gran tamaño. Casi sobre el nivel de base fueron depositados tres individuos, dos en posición fetal y otro con las piernas ligeramente encogidas. Se distribuyen formando un círculo en torno a las paredes del silo. La parte central de dicho círculo está ocupada en su totalidad por una acumulación de huesos, correspondientes a más de una decena de animales, en especial suidos y ovicápridos. El hecho de que algunas cabezas de estos animales se dispongan con orientaciones opuestas,* manifiesta una clara intencionalidad en la colocación de los mismos. Completa todo el conjunto una vasija cerámica entera, situada en el lado N.W., una piedra de molino barquiforme y algunos útiles líticos."(González, 1987:84). Esta temática, sobre los animales enterrados, también ha tenido mucha discusión y ha generado una gran literatura científica, con diversas hipótesis. Como ya se ha citado en líneas anteriores, la presencia de restos de fauna y condiciones de su disposición son totalmente variables: completos y/o incompletos o articulados y/o desarticulados. Hay una clara tendencia a hacer inferencias de tipo económico, sobre todo con los restos de fauna que aparecen desarticulados y/o con marcas de corte y descarnamiento, documentando el consumo de carne animal por parte de estas poblaciones (Nocete, 2001); mientras que los restos completos o sin marcas de consumo, son más entendidos como el resultado de rituales relacionados con estas poblaciones (Cámara *et al.*, 2008).

Está claro que la localización en silos de deposiciones de animales completos y articulados es muy escasa, frente a los incompletos y desarticulados. Estos últimos, en muchas ocasiones aparecen con señales de haber sido consumidos por parte del grupo humano (marcas de corte, descarnamiento, quemado, etc.). Un grupo de autores defiende que estos tipos de restos son evidencias de carácter doméstico y proporcionan una entidad ganadera a estas poblaciones; frente a ellos existen corrientes que lo definen como un posible carácter ritual: *"[...] casi todos los rituales comunales conllevan banquetes en los que se sacrifican y comen animales. [...]Si los enterramientos de personas y de bestias completas son paralelizables, es plausible establecer algún tipo de correspondencia entre los restos humanos desarticulados y los vestigios de animales exhumados en la misma condición. Es decir, si son considerados "rituales", los otros podrían serlos también."* (Márquez y Jiménez, 2010:234).

En esta área de estudio, la Baja Andalucía, no existe suficiente cantidad de producción científica sobre esta temática, al contrario de lo que ocurre en la Alta Andalucía, donde el yacimiento del Polideportivo de Martos- La Alberquilla (Jaén) o Marroquíes Bajos, ha aportado una gran información sobre los sacrificios, rituales y consumo de animales en este tipo de yacimientos. En este caso, por la contextualización en ciertos complejos estructurales, los enterramientos de animales tienen una clara relación con la fundación y vinculación al terreno apropiado, no solo como lugar de explotación agrícola (Cámara *et al.*, 2008; Cámara *et al.*, 2010: 315).

La datación de los restos, tanto de fauna como humanos, son básicos para determinar y despejar dudas sobre la intencionalidad de estos enterramientos: " *[...] las dataciones han situado ahora el enterramiento del Complejo Estructural XIII del Polideportivo en un momento bastante avanzado, de mediados del III Milenio A.C., tradicionalmente vinculado a los inicios de la exhibición de la unidad familiar separada (y las personas que la integran), lo que, si tenemos en cuenta las dataciones de fines del IV Milenio A.C. del Complejo Estructural 7 de La Alberquilla, obliga a ser cautos, especialmente porque no conocemos en qué lugares se enterró la mayor parte de la población, aunque pensemos que fueron, al menos en el Calcolítico, cuevas artificiales. De hecho si se confirmara la coexistencia, como en otras áreas, de "cuevas artificiales" y enterramientos en "silo" sería difícil mantener "sólo" para los segundos la función de exhibición del papel de determinadas familias (y su acumulación pecuaria) y sería necesario también analizar las diferencias entre las cuevas artificiales, aunque, en cualquier caso, sería difícil considerar todos los enterramientos en "silo" como correspondientes a niveles sociales "bajos", no sólo por su vinculación a la riqueza pecuaria sino también por el hecho de que la mayoría de la población no parece acceder a enterramiento alguno"* (Cámara *et al.,*2010:316) sugiriendo así, que los sacrificios animales sucedan a los humanos, pero sí que ambos se vincula a sociedades jerarquizadas (Afonso *et al.,* 2014). Son sociedades que conviven con diferentes modos de producción y donde aún se encuentran muy arraigadas las relaciones comunitarias (Cámara *et al.,* 2010: 317). Es muy destacable la frecuencia de inhumaciones de animales –especialmente de perros - en estos yacimientos (Afonso *et al.,* 2014: 137).

En muchas ocasiones se produce un reaprovechamiento de estructuras que se convierten en complejos estructurales específicamente rituales, que previamente habían sido construidos y usados para otros fines. En otras ocasiones, de forma previa o inaugural al uso de estos complejos, se llevan a cabo ceremonias con el enterramiento de animales en la base de las fosas. Un ejemplo de esto, se puede observar en el yacimiento del Polideportivo de Martos (Jaén) donde se localizó una ternera inhumada en el complejo estructural (CE) número 15; este hecho se ha relacionado con la potenciación de la fertilidad de los rebaños y la demarcación de la propiedad. También se documentó la inhumación de cánidos en los CE 12, 15 y 16 como evidencia de fundación de dichos complejos estructurales y siendo un reconocimiento de la función de estos animales en la caza y en el pastoreo, como parece sugerir su asociación a una cabeza de jabalí en el CE 12 (Cámara *et al.,* 2008; Afonso *et al.,* 2014:138). Estas evidencias son extrapolables a otros yacimientos, pero se recurre a este en concreto de la Alta Andalucía por el gran nivel de investigación que en él se da. Esto abre otros interrogantes sobre el papel de la acumulación de riqueza y su exhibición incluso en los contextos domésticos. En el mismo yacimiento, en el área del Polideportivo, dos mujeres y dos jóvenes se inhumaron en el CE 13 sin ajuar; los investigadores consideran que fueron desplazados los restos de un nivel de ocupación previo del complejo estructural, para hacer sitio a los cadáveres (Afonso *et al.,* 2014:139). Mirando hacia nuestra área de estudio, destaca el yacimiento de *La Esparragosa* (Chiclana de la Frontera), donde se documentó un individuo, adulto y de sexo femenino, en conexión anatómica y sin ajuar de prestigio. Sin embargo,

este enterramiento posee una peculiaridad que lo hace único, y es que se encontraba cubierto por un total de 477 *Ruditapes decussatus* (almejas), muchas de ellas aún cerradas.

Se barajan varias hipótesis para explicar este recubrimiento con almejas que van desde ofrendas alimentarias a elementos simbólicos de alto contenido ceremonial o religioso o quizá guarden relación con el tipo de actividad que ese personaje desarrolló durante su vida (Ramos, coord., 2008). En contraposición a este ejemplo de un enterramiento intencionado en silo, cabe destacar el yacimiento de *"SET Parralejos"* (Vejer de la Frontera) que consta de 33 silos excavados, donde en relación a las prácticas funerarias cabe señalar la localización de restos humanos en 4 estructuras de silo, encontrándose en sucesivas unidades estratigráficas. La cifra total es de 11 individuos de ambos sexos y de todas las edades, que fueron enterrados de manera secundaria. Durante la excavación no se documentó ningún elemento de ajuar (Villalpando y Montañés, 2009). El entendimiento y comprensión de las diferentes estructuras funerarias es tema de debate desde los últimos años entre posiciones materialistas e idealistas. Las primeras valoran el origen del Estado e intentan exponer estos procesos de centralización territorial en la Baja Andalucía (Nocete, 2001; Ramos y Cantalejo, 2015) y en el Sureste de la península. Por el contrario, las posiciones idealistas niegan estos procesos y cuestionan la acumulación de excedentes, considerando los poblados con silos en el marco de visiones ideológicas en la Alta Andalucía llegando a negar el cambio histórico. De este modo hay propuestas pos-procesualistas que niegan la consideración de estas sociedades como de clases (Márquez y Jiménez, 2010).

Con estas cronologías del IV milenio a.n.e. destaca el asentamiento de Campo de Hockey, el cual ha supuesto un gran aporte en los últimos años en lo que al mundo funerario se refiere, tanto por sus dimensiones, como por presentar un nuevo tipo de manifestación funeraria poco conocida para estos momentos en el extremo sur peninsular. Se pudo documentar dos momentos cronoculturales para la Prehistoria reciente correspondientes al Neolítico Medio Avanzado y a la Edad del Bronce. A esta primera fase, corresponden los registros más significativos del yacimiento con una cronología de finales del V milenio B.C. y principio del IV milenio B.C. La tipología de las estructuras funerarias es variada, desde enterramientos sencillos en fosas simples a los túmulos o tumbas de mayor monumentalidad, que se encuentran delimitadas y/o cubiertas por grandes bloques y/o lajas de piedra (Vijande, 2009; 2010).

Será también durante estas cronologías (IV milenio a.n.e.) cuando aparece otro tipo de estructuras de enterramiento, que denotan un claro proceso de diferenciación social, como son las estructuras megalíticas. Estas estructuras muestran un control sobre todo el terreno y la propiedad, aparte de una ideología para el grupo. Estas sepulturas son realizadas por parte de todo el grupo al igual que los objetos que son depositados como ajuar a los difuntos, siendo en muchos casos, objetos de prestigio y de esfuerzo colectivo (Ramos y Cantalejo, 2015).

Los dólmenes son cámaras funerarias realizadas por grandes bloques de piedra (ortostatos), y cubiertos por túmulos de tierra que ocultaban la estructura a excepción de la entrada. Sin embargo, esto no quiere decir que toda la población implicada en la erección de la estructura vaya a ser enterrada allí. Este monumento sólo se construye para albergar los restos de unos pocos individuos que, obviamente, serán aquellos que ocupen un lugar de prestigio dentro de la sociedad. Para el resto de individuos de esta población caben dos opciones, o que no se han encontrado las necrópolis o que no tuvieran derecho a ser enterrados y por eso no han llegado testimonios funerarios hasta nuestros días. El número de enterramientos dolménicos en la zona de la Campiña Litoral y Banda Atlántica de Cádiz, es muy reducido, a diferencia del resto de la provincia de Cádiz, donde en las últimas décadas se han podido localizar y estudiar varios enterramientos dolménicos: Alberite (Villamartín) (Ramos y Giles, eds., 1996), Alberite II (Villamartín) (Ramos y Giles, eds., 1996), Dolmen de El Juncal (Ubrique) (Gutiérrez, 2007), El Tomillo (Alcalá del Valle) (Martínez *et al.*, 1991), Dolmen de las Rosas (Villamartín) (Reinoso, 2012), Cerro de Vasconcillas (Rota) (Paredes *et al.*,2010) entre otros (Moreno-Márquez, 2015:116).

En estas estructuras megalíticas se observan unos rituales de enterramientos colectivos muy característicos, junto con un ajuar donde destacan accesorios personales, herramientas y objetos de prestigio. Siendo claramente pertenecientes a una élite social, diferenciada tanto en vida como en muerte del resto del grupo. La nueva estructura económica, generadas por las relaciones sociales y el cambio importante en el control de la propiedad y la territorialización, propiciará un profundo cambio ideológico. Hay que considerar que las nuevas formas del arte, las decoraciones cerámicas y los propios objetos de adorno, junto con el surgimiento de las nuevas estructuras funerarias megalíticas serán reflejo de esta nueva ideología (Domínguez-Bella *et al.*, 2008; Cámara *et al.,* 2010; Ramos y Cantalejo, 2015). Se produce un cambio en el grupo desde las sociedades cazadoras-recolectoras-pescadoras, a la filiación de las sociedades tribales neolíticas. Estos cambios socioeconómicos también se vieron reflejados en la concepción de la muerte por parte del grupo. En esta nueva situación se irán generando los linajes, como bien demuestran los nuevos tipos de enterramientos colectivos: los dólmenes (Cámara *et al.,* 2010).

La investigación sobre la estructura social basada en las prácticas funerarias debe verse contrastada mediante el análisis de los poblados (Lull y Picazo, 1989: 18). Este análisis es fundamental para conocer si existían o no desigualdades sociales documentadas en

las tumbas y para comprobar si el ritual funerario contribuye a la reproducción de estas desigualdades sociales en el mundo de los vivos (Vicent, 1995).

3.4. Las sociedades clasistas iniciales

El área de la provincia de Cádiz objeto de este estudio se caracteriza por tener enterramientos denominados "en cuevas artificiales", y que consisten en excavar en el subsuelo un recinto o cámara, por lo general elipsoidal. Se podría plantear la posibilidad de la reutilización ocasional de una estructura de almacenamiento como sepultura, pues para acceder a esta cámara se realizó un pequeño pozo con apariencia de silo (Berdichewsky, 1964). Muchos de los yacimientos anteriormente citados, tuvieron una continuidad de uso durante estas cronologías, llevando una transición desde época neolítica hasta el Calcolítico. Durante el III y principios del II milenio a.n.e. comienza a documentarse una nueva forma de enterramiento, como son las cuevas artificiales, caracterizadas por ser enterramientos colectivos, similares a los de épocas anteriores, y que cohesionarán con otras formas de enterramientos anteriormente citados, pero en este caso se observa una clara intencionalidad como espacio funerario, marcando una diferenciación social. Aparecerá la denominada *"cultura de las cuevas artificiales"* con la época del megalitismo. Estas cuevas artificiales se caracterizan por estar excavadas en la roca natural y tapadas o cubiertas por grandes lajas. En la zona gaditana de este tipo de necrópolis, se documentan Los Algarbes (Tarifa) (Posac, 1975; Mata, 1991; Castañeda *et al.*, 2014), El Almendral (El Bosque) (Alarcón y Aguilera, 1993), Fuente Ramos y Ermita de El Almendral (Puerto Serrano) (Bueno, 2005), Cueva de Alcántara (Jerez de la Frontera) (Esteve, 1979); Torre Melgarejo (Jerez de la Frontera) (González y Ramos, 1988) , Hipogeo de Las Cumbres (Puerto Santa María) (Ruiz, 1991), Paraje de Monte Bajo (Alcalá de los Gazules) (Lazarich, 2007), Cueva de Buena Vista (Vejer de la Frontera) (Negueruela, 1981-1982), Cerro de Vasconcillas (Rota) (Paredes *et al.,*2010) entre otros (Moreno-Márquez, 2015:116).

Estos enterramientos muestran cada vez más una diferenciación jerarquizada, donde se documentan algunos individuos que por el ajuar que presentan informan del papel del individuo frente a lo colectivo. Paralelamente a estas necrópolis "colectivas" se documentan inhumaciones de carácter individual localizadas en los poblados, donde no se muestra una separación entre los espacios de hábitat y enterramiento. Este tipo puede observarse claramente en el poblado de Monte Berrueco (Medina Sidonia) donde se localizaron cinco enterramientos individuales en fosas ubicadas junto a varios muros (Escacena y De Frutos, 1981; 1985). El análisis de los datos procedentes de distintos monumentos megalíticos muestra que existe una serie de sepulcros, que fueron construidos y usados originariamente durante el IV- III milenio a.n.e. (Neolítico y Calcolítico) y que fueron reutilizados posteriormente, después de un período de abandono, por comunidades del II milenio a.n.e. (Edad del Bronce) como contenedores funerarios. La mayor parte de estas deposiciones funerarias se ubican en los espacios interiores de los megalitos, distinguiéndose entre la reutilización colectiva, propia de la ideología funeraria precedente, y la reutilización individual, característica de las nuevas corrientes ideológicas del II Milenio a.n.e. Esta reutilización funeraria es localizada tanto en el interior, como en el exterior de los espacios propiamente funerarios (corredor, cámaras secundarias, entre otros espacios secundarios), lo cual muestra un deseo de asociación al propio monumento principal. Esta reutilización de sepulturas, también se documenta en otras zonas como es el caso de algunos sepulcros megalíticos de la provincia de Granada, entre los que destaca del enterramiento secundario de la necrópolis megalítica de Fonelas (Granada) (Ferrer, 1978).

Esto también se observa en el túmulo megalítico de Santa Rita (Algarve) donde se documentó una serie de sepulturas individuales con un escaso ajuar, situadas mediante datación absoluta desde principios del II y comienzos del I milenio a.n.e. (Inácio *et al.,* 2010). La reutilización de estas estructuras también se documentan por la aparición de materiales de ajuar de épocas posteriores en los enterramientos, como es el caso del sepulcro megalítico del tesorillo de Llaná de Cerro Ardite, Alozaina (Málaga) (Fernández y Márquez, 2008) entre otros sepulcros de cronologías del IV-III milenio a.n.e. que gracias a dataciones absolutas, se sabe que fueron reutilizados en momentos del II-I milenio a.n.e. El Barranquete es otro caso de reocupación o reciclado de estas estructuras calcolíticas, tal como se está demostrando en la zona del sureste (Nijar, Almería) (Aranda, 2015:133). En zonas geográficas como la Bahía de Cádiz y sus campiñas se puede observar la existencia de territorios de explotación y producción agrícola, que conforman un proceso de jerarquización de los espacios sociales dentro de una sociedad clasista inicial en los milenios III-II a.n.e. (Ramos, coord., 2008; Ramos y Cantalejo, 2015).

Las zonas cercanas a las fuentes de materias primas, condicionarán la organización territorial de los lugares de hábitat y la disposición de los centros nucleares. La explotación de los recursos y por tanto la riqueza que ello proporciona, obliga paulatinamente a la militarización y control del territorio por parte del grupo. Este hecho es observable gracias a los ajuares funerarios con armas o elementos defensivos, como son la presencia de elementos metálicos y en el aumento de puntas de flecha de sílex. La presencia de armamento y puntas confirma estas prácticas guerreras y de control por parte de algunos individuos que dominan al grupo (Ramos y Cantalejo, 2015).

3.5. Las sociedades clasistas en el II milenio a.n.e.

Durante el II milenio a.n.e. las relaciones de propiedad cambian, generando una estructura económica que tiene reflejo en la ordenación centro-periferia. Esto conllevará una serie de procesos de descentralización que se verán reflejados en nuevas formas de nuclearización en el territorio (Arteaga, 2002; Ramos y Cantalejo, 2015). Estas necrópolis muestran una continuidad de estructuras megalíticas en la llamada Edad del Bronce. Este tipo de enterramientos constituyen un ejemplo claro de manifestación de prestigio y en cierto modo una exposición social del poder por parte de la élite local ante la población; el tipo de ajuar característico está formado por objetos de instrumentos de prestigio de carácter militar. Las necrópolis se encuentran situadas en las inmediaciones de los poblados, aunque también se han documentado en el espacio doméstico. Estas son de dimensiones más reducidas que las galerías dolménicas anteriores y muestran la aceptación de un modelo de enterramiento individual para una o dos personas. Indican el definitivo dominio de las élites locales de carácter militar que dominan sobre la población sometida (Arteaga, 1992; 2002). El mundo de la muerte representa una clara manifestación ideológica de una sociedad clasista consolidada (Ramos y Cantalejo, 2015).

Con estas cronologías, hay necrópolis que tienen su origen anteriormente y ya han sido citadas como son los Algarbes (Tarifa) (Posac, 1975; Mata, 1991; Castañeda *et al.,* 2014), Loma del Puerco (Chiclana de la Frontera) (Benítez *et al.,* 1992), El Estanquillo - Fase II (San Fernando) (Ramos, 1993; Castañeda, 1997), Paraje de Monte Bajo (Alcalá de los Gazules) (Lazarich, 2007) entre otros. Muchos de estos yacimientos tienen su origen en etapas culturales anteriores, pero con una prevalencia durante este II milenio a.n.e. Estos modelos de enterramiento muestran una diversidad de tradiciones (construcción, disposición de los esqueletos, ordenación de los ajuares en las tumbas, etc…) recordando algunas a épocas pasadas. Por supuesto la forma de enterramiento, junto con los bienes de su interior, marcarán la diferencia del estatus social que gozó el individuo en vida (Guzmán y Castañeda, 2008).

Las prácticas productivas siguen dominadas por una base agropecuaria que quedan reflejadas gracias al registro arqueológico (orzas entre las cerámicas para el almacenaje) e instrumentos líticos específicos para la práctica de una actividad agrícola (elementos de hoz, molinos, moletas), al igual que cerámicas de consumo como son cuencos, platos, fuentes y ollas. Estas son evidencias que continuarán durante el denominado Bronce Tardío que están presentes en los poblados y necrópolis (Ramos y Cantalejo, 2015).

3.6. Conclusiones

En momentos finales del V milenio a.n.e. es cuando se produce el origen de las formas de vida aldeanas sedentarias, causando una apropiación del terreno. Por tanto, la mayoría de los asentamientos se van a localizar en tierras fértiles y cerca de zonas de explotación tanto de materias primas, como de alimentos. En la Campiña Litoral y Banda Atlántica gaditana, los primeros núcleos poblacionales están vinculados a los recursos marinos (marisqueo y pesca) (Valverde, 1993). El IV milenio a.n.e., es un periodo donde se muestra una gran diversidad de manifestaciones funerarias, que van desde las inhumaciones en fosa y en silo, a las tumbas dolménicas, las cuevas artificiales y la continuidad de los enterramientos en cuevas naturales. La existencia continuista de los patrones de asentamiento muestra en la zona del Valle del Guadalquivir que se produce progresivamente la separación de las necrópolis colectivas de la zona de hábitat (Valverde, 1993). La aparición de inhumaciones individuales, indica un claro ejemplo de desintegración de las estructuras de grupos tribales y la implantación definitiva de los valores del "individuo" a los "colectivos" (Ramos, 1993). Este tipo de enterramientos, contrasta con las evidencias de la Baja Andalucía, teniendo referencias en zonas cercanas a esta área de estudio. El hecho de la preparación de la estructura de enterramiento, en este caso, en cista, con una parcelación con piedras, demuestra una intencionalidad por parte del grupo en delimitar la zona de enterramiento. Este tipo de construcciones tiene una larga prolongación durante las diferentes etapas de la Prehistoria reciente (desde época neolítica hasta la Edad del Bronce) (Cámara, 2002). Sobre los enterramientos en silo, que son los que más problemática y más discusión han generado, se aceptan totalmente las hipótesis que sugieren que en ellos se enterraba la gran parte de la población, mientras que un grupo minoritario, pero de rango superior se enterraba en sepulcros de mayor entidad o monumentalidad (Ruiz *et al.*, 1992; Nocete, 2001).

Se entiende que la reutilización de estructuras creadas para otro fin, en este caso, para almacenaje de alimentos y la ausencia de ajuares de prestigio junto con los restos óseos, apuntan a esa línea. En muchos casos se observa en los yacimientos dos vertientes, por una parte enterramientos intencionados, donde se documenta un ritual hacia los restos, mientras que en otros casos, en el mismo yacimiento, se documentan silos que albergan restos óseos humanos, pero también fauna y cerámica, mostrando una contrastación y una nula ideología. Por tanto, estas estructuras subterráneas tienen una gran variabilidad de formas y contenido, ya que pueden ser amortizados como basureros, enterramientos o directamente abandonados. Estos yacimientos con silos y con enterramientos en estas estructuras, están presentes en muchas zonas europeas de la Prehistoria reciente. Como se ha resuelto en líneas anteriores, la presencia de fauna en las mismas estructuras de enterramiento humano, puede indicar que se trata de un ritual de "fundación/consolidación" cuando estos restos se encuentran completos e intactos (sin marcas de corte y descarnamiento, quemados, etc.). El caso de perros relacionados con inhumaciones de personas no es exclusivo de esta época, remontándose a época mesolítica (Cámara *et al.*, 2008:64).

Las últimas investigaciones, donde se han documentado estas hipótesis con cronologías, indican que muchos enterramientos de animales constituyen un acto ritual e inaugural de un área. La aparición de restos

humanos en estas mismas estructuras, demuestran un reaprovechamiento de las mismas, ya que mediante la obtención de dataciones se ha observado que existe una diferencia temporal entre el enterramiento animal con el del ser humano, por tanto se demuestra que existe una amplia diferencia temporal entre la construcción de una estructura y la introducción en él de los cadáveres (Afonso *et al.*, 2014:154). Las investigaciones sobre los campos de silos, conllevan una problemática de fondo, relacionada con otras estructuras cercanas a ellos como fosos o "zanjas". Este tipo de construcciones son entendidas por la comunidad académica y científica con diversas hipótesis (Cámara *et al.*, 2011: 64). Algunos autores, las definen como *"Zanjas de drenaje"* por la complejidad de la construcción y el esfuerzo que estas construcciones conllevan; por el trazado irregular y discontinuo (Martín de la Cruz, 1985, 1986; Ruiz, 1991; Nocete, 1994; Valera y Filipe, 2010); la mayoría de los recintos son de forma concéntrica y están construidos en terrenos permeables por lo que hacen innecesaria la obra de drenaje (Cámara *et al.*, 2011).

Otra hipótesis es la de *"recintos de carácter simbólico"* ya que no todos los fosos funcionan al mismo tiempo, y tras su abandono, pueden ser reaprovechados para enterramientos de personas y/o animales. También son utilizados a modo de basureros en diferentes eventos o fiestas que pueda realizar la población (Márquez y Jiménez, 2008). Hay que tener en cuenta que si todos las estructuras son utilizadas para rituales, no se encuentra una explicación de donde viviría la población (Cámara *et al.*, 2011). Compartimos la interpretación de que estos fosos son el negativo de unas murallas. La delimitación de áreas mediante empalizadas, o murallas, mostrando así un símbolo de propiedad. Su construcción no sólo era en piedra, sino que pudieron ser de madera o adobe y por ello no ha llegado hasta nuestros días, quedando sólo los fosos o el negativo de esta estructura. Esto sería una buena forma de delimitación del territorio y para controlar y defender a la población y los rebaños del exterior a la vez que un control político y por supuesto disuasorio-defensivo. Esto muestra por tanto una población jerarquizada (Cámara *et al.*, 2011). Cada vez son más los autores que se refieren a estas estructuras con la función de fortificación (Lizcano *et al.*, 2004; Zafra de la Torre, 2006; Cámara *et al.*, 2011).

La perduración de algunas de estas necrópolis colectivas durante el III milenio a.n.e. hace recordar en los modelos tribales dentro de sociedades que realmente se encuentran cada vez más jerarquizadas, ya que una élite de linaje tiene un peso político y económico en el territorio, aunque su propia reproducción en la estructura social se compone aun de una carga ideológica (Arteaga, 1992). Por último, hay que destacar que los enterramientos en cuevas artificiales son necrópolis con tumbas de tipo colectivo con enterramientos secundarios que, pueden responder a "panteones" de tipo familiar, y que suelen datar hacia el III milenio a.n.e. y II milenio a.n.e. La riqueza y variedad de los ajuares y el esfuerzo que supone la construcción de estas tumbas testimonian una gran complejidad social para estas últimas formaciones sociales neolíticas. Se trata de una comunidad en tránsito hacia las denominadas formaciones sociales clasistas iniciales. A finales del III milenio a.n.e. se comienza a abandonar la cultura megalítica, siendo sustituida, por las necrópolis de cistas, en el caso del Suroeste peninsular. Aunque como se ha observado en diferentes estudios, gracias a las dataciones absolutas, se puede comprobar que en muchas ocasiones las sepulturas megalíticas son reutilizadas no solo hasta finales del III milenio a.n.e., sino que sitúan su funcionamiento en el II milenio a.n.e. (Edad del Bronce) (Fernández y Márquez, 2008).

Por tanto el uso de estructuras megalíticas en etapas posteriores a su construcción no es algo raro en el mundo megalítico (Fernández, 2004:273). Otro tema a estudio es el de los ajuares y objetos depositados dentro de los diferentes enterramientos según su cronología. Estos demuestran claramente una relación entre la forma de vida y posición en vida del individuo y su tratamiento por parte del grupo tras su muerte. Exceptuando los casos de los dólmenes, donde predominan objetos de prestigio y exóticos, accesibles solo a un grupo muy reducido de la población; en el resto de los enterramientos, destaca la cantidad de material de uso cotidiano de esta comunidad. Respecto a las investigaciones sobre las estructuras de enterramiento no está todo escrito, es necesaria una fuerte carga de inversión en excavaciones arqueológicas y análisis en profundidad con equipos multidisciplinares. Y sobre todo es necesario realizar trabajos sin visiones localistas, buscando relaciones y diferencias con otros yacimientos.

Capítulo 4

Yacimientos de la Prehistoria reciente con restos óseos

4.1. Introducción

Tras la lectura de diferentes publicaciones, anuarios de arqueología y estudios relacionados con el presente tema de estudio se han escogido, una serie de yacimientos de la Campiña Litoral y Banda Atlántica de Cádiz, con cronologías comprendidas de la Prehistoria reciente (VI - II milenio a.n.e.) donde se han localizado estructuras funerarias con restos óseos (figura 1). Como se ha citado en capítulos anteriores, el área de estudio elegido, presenta un paisaje totalmente diferente al que tenía durante la Prehistoria reciente. Esto condicionó claramente el surgimiento de poblamientos en diferentes zonas, sobre todo donde existía una palpable riqueza de materias primas y vegetales, fomentando al desarrollo de la agricultura y la ganadería. Estas poblaciones, también tendrán unos bienes importantes, como son los propios que proporciona su cercanía al mar. Esto condicionará sus modos de vida y por supuesto sus estructuras y sus manifestaciones funerarias.

El ritual funerario que recibe el difunto abarca desde la construcción de la propia tumba, como las ceremonias y el aporte de objetos simbólicos que conformarán el ajuar depositado (Cámara, 2002), ya que ello conlleva un gran esfuerzo por parte de todo el grupo. Por tanto, se entiende que los rituales funerarios son un mecanismo que utiliza la "*clase superior*", con el fin de afianzar la ideología ante el resto del grupo. Y por ello se entiende que el receptor del ritual funerario es tanto el difunto como la comunidad (Scarduelli, 1988). No todos los rituales son iguales, ya que serán diferentes para un individuo u otro, y reflejan el tránsito de una sociedad tribal de grupos familiares a sociedades clasistas iniciales (Arteaga, 1992).

Se muestra un fuerte paralelismo entre "*el estatus*" o posición social de un individuo en vida, con el tratamiento que recibe tras su muerte por parte del grupo (Castro *et al.,* 1995). En esta área de estudio, se presentan diferentes manifestaciones y estructuras funerarias, junto con diferentes tipos de rituales que recibía el difunto, observándose enterramientos en fosa, cista, silo, cueva natural y/o artificial.

En este capítulo se presenta la información arqueológica de los yacimientos de época prehistórica reciente de la Campiña Litoral y Banda Atlántica de Cádiz donde se han recuperado restos óseos y por tanto se han utilizado para desarrollar este trabajo de investigación.

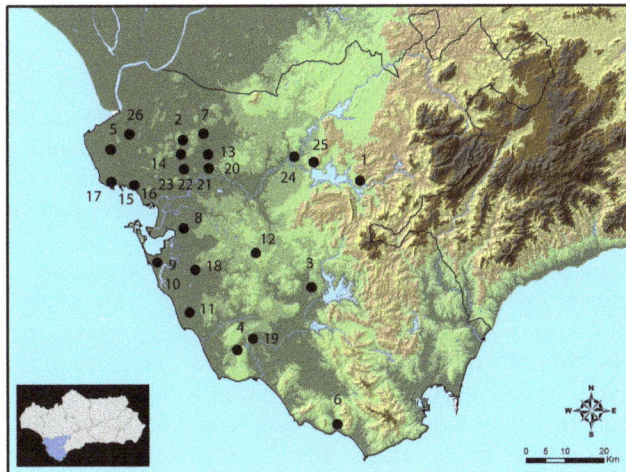

Figura 1. Localización de los yacimientos con enterramientos en la Campiña Litoral y Banda Atlántica de Cádiz. 1. La Dehesilla (San José del Valle), 2. Cueva de Alcántara (Jerez de la Frontera), 3. Paraje de Monte Bajo (Alcalá de los Gazules), 4. Cueva de Buena Vista (Vejer de la Frontera), 5. Cerro de las Vasconcillas (Rota), 6. Los Algarbes (Tarifa), 7. Torre Melgarejo (Jerez de la Frontera), 8. El Retamar (Puerto Real), 9. Campo de Hockey (San Fernando), 10. El Estanquillo (San Fernando), 11. Loma del Puerco (Chiclana de la Frontera), 12. Monte Berrueco (Medina Sidonia), 13. Cortijo de los Siles – La Carrizosa (Jerez de la Frontera), 14. C/Castellanos nº3 y Plaza del Carmen, nº4 (Jerez de la Frontera), 15. Las Viñas (El Puerto de Santa María), 16. Cantarranas (El Puerto de Santa María), 17. Base Naval de Rota (El Puerto de Santa María), 18. La Esparragosa (Chiclana de la Frontera), 19. SET Parralejos (Vejer de la Frontera), 20. El Trobal (Jerez de la Frontera), 21. Jardines de Tempul (Jerez de la Frontera), 22. Alcázar de Jerez de la Frontera (Jerez de la Frontera), 23. C/ Zarza nº 16 (Jerez de la Frontera), 24. Necrópolis Las Valderas (Arcos de la Frontera), 25. El Jadramil (Arcos de la Frontera), 26. Dolmen del Hidalgo (Sanlúcar de Barrameda).

4.2. Yacimientos con enterramientos en cueva

Las cuevas, son estructuras tanto de origen natural, como excavadas de manera intencionada (artificial). Junto con las inhumaciones en fosa, los enterramientos en cueva natural, son de las primeras estructuras funerarias que se utilizan desde el Neolítico Antiguo (VI milenio a.n.e.) y que tendrá una perduración durante casi toda la Prehistoria reciente. En ellas se localizan tanto enterramientos individuales, como colectivos; estos últimos suelen mostrar una delimitación de piedras entre individuos. Se tiene constancia de enterramientos en cuevas naturales desde épocas antiguas (VI-IV milenio a.n.e.). Y es con estas cronologías donde no se observa aún una clara delimitación entre la zona de hábitat y de necrópolis. Esto es debido a que los grupos humanos tienen aún un fuerte carácter nómada. El ajuar que se localiza en estas primeras estructuras es muy modesto y está en estrecha relación con las actividades socioeconómicas del grupo. Los enterramientos se delimitan con una modesta estructura de piedra (Acosta y Pellicer, 1990).

En la Campiña Litoral y Banda Atlántica de Cádiz, no se dispone de enterramientos en cueva natural, pero muy cercanos a esta área, se encuentra la cueva de la Dehesilla (San José del Valle) donde en la cavidad se documentaron varios enterramientos en la misma área habitacional. Estos enterramientos corresponden a tumbas individuales (un adulto y un infantil) y dobles (infantiles) (Robledo y Jiménez-Brobeil, 1994), en posición flexionada y en decúbito lateral. Se muestra un claro tratamiento diferencial entre los adultos y los infantiles, apareciendo los primeros en fosas protegidas por piedras, mientras que los niños aparecen en fosas muy someras (Acosta y Pellicer, 1990). Los enterramientos en cuevas artificiales son, por lo general, necrópolis con tumbas de tipo colectivo y secundarias que pueden responder a "panteones" de tipo familiar (Castañeda *et al.,* 2014).

En nuestra área de estudio, este tipo de enterramientos suelen datar hacia el III y II milenio a.n.e. Se han encontrado en Paraje de Monte Bajo (Alcalá de los Gazules), Cueva de Alcántara (Jerez de la Frontera), Torre Melgarejo (Jerez de la Frontera), Cerro de las Vasconcillas (Rota), la necrópolis de Los Algarbes (Tarifa) y Cueva de Buenavista (Vejer de la Frontera) (figura 2).

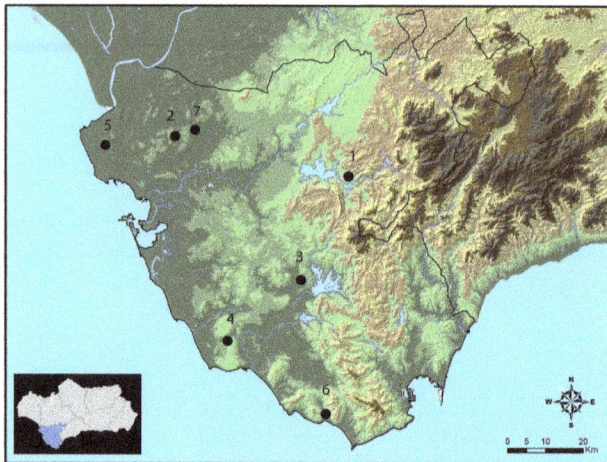

Figura 2. Localización de los yacimientos con enterramientos en cueva en la Campiña Litoral y Banda Atlántica de Cádiz: 1. La Dehesilla (San José del Valle), 2. Cueva de Alcántara (Jerez de la Frontera), 3. Paraje de Monte Bajo (Alcalá de los Gazules), 4. Cueva de Buena Vista (Vejer de la Frontera), 5. Cerro de las Vasconcillas (Rota), 6. Los Algarbes (Tarifa), 7. Torre Melgarejo (Jerez de la Frontera).

4.2.1. Cueva de la Dehesilla (San José del Valle)

• **Ubicación**

La Cueva de La Dehesilla (San José del Valle, Cádiz) es un yacimiento de naturaleza kárstica que se encuentra en una zona de transición entre la campiña y la sierra (Acosta y Pellicer 1990) (figura 1:1).

• **Historia de la investigación**

Fue excavada y estudiada por los profesores de la Universidad de Sevilla, Manuel Pellicer y Pilar Acosta durante los años 1977 y 1980. Tuvo protagonismo en la década de los años 80 debido a las elevadas dataciones obtenidas para el Neolítico Antiguo (laboratorio de Tokio). El yacimiento se determina como un asentamiento en cueva, de época neolítica con continuidad calcolítica, donde también se localiza la necrópolis. Apareció una gran cantidad de material cerámico, lítico y otros elementos típicos de la cultura material del poblamiento humano. Entre los hallazgos, destaca un brazalete de pectúnculo, relacionado con la necrópolis (Acosta, 1987; 1995; Acosta y Pellicer 1990).

• **Estructuras funerarias y ajuar**

En relación al ritual funerario se documentaron varios enterramientos en la misma área habitacional de la cavidad, correspondientes a tumbas individuales (un adulto y un niño) y dobles (niños); estaban depositados en posición flexionada y en decúbito lateral. Se observa un tratamiento diferencial entre los adultos y los niños, apareciendo los enterramientos adultos en fosas protegidas por piedras, mientras que los niños aparecen en fosas muy someras. El enterramiento del adulto está fechado en momentos más recientes (finales del Neolítico Antiguo y transición al Neolítico Medio). Se trata de una mujer que yace en una fosa somera recubierta por bloques de piedra de 0,50 m. Aparece flexionado, recostado sobre el lado izquierdo y orientado hacia el Este. Descansaba sobre un lecho pedregoso cubierto de ocre (el cráneo se hallaba igualmente cubierto por este mismo material). El ajuar está compuesto por cerámicas (alguna a la almagra), algún elemento lítico tallado, un molino con ocre y un brazalete de pectúnculo. Sus investigadores adscriben cronológicamente estos enterramientos a finales del Neolítico Antiguo (Acosta y Pellicer 1990).

4.2.2. Cueva de Alcántara (Jerez de la Frontera)

• **Ubicación**

Se localiza a unos 15km. al noreste de Jerez de la Frontera, en las faldas de una loma cercana al cortijo Alcántara (Esteve, 1979) (Figura 1:2).

• **Historia de la investigación**

El propietario del cortijo de Alcántara, Salvador Díez, alertó al director del Museo Arqueológico de Jerez de la Frontera, Manuel Esteve, el cual solo pudo recoger diversos materiales cerámicos y líticos, ya que la cueva había sido destruida y expoliada antes de su llegada. Es una cueva artificial excavada en su totalidad en terreno calcáreo. Fue descubierta por labores agrícolas, que destrozaron la losa que tapaba su boca, quedando a la vista. Los restos de vasijas y demás objetos encontrados fueron recogidos por los propietarios de la finca, que entregaron a los arqueólogos a su llegada. Por el material encontrado se puede adscribir a cronologías del Neolítico Final (Esteve, 1979).

- **Estructuras funerarias y ajuar**

Se trata de un enterramiento constituido por una cámara circular, con unas dimensiones de 2,10 m. de diámetro y 1,15 m. de altura. La entrada a la estructura se realizaba por un pozo vertical de escasos 0,55 m. de diámetro y 0,70m de profundidad aproximadamente desde la bóveda. La entrada a dicho pozo se encontraba tapada con una losa, la cual fue destruida (Esteve, 1979; González y Ruiz, 1999: 60). Según describe Esteve Guerrero, los individuos inhumados se encontraban dispuestos a lo largo de una pared, en posición fetal. Junto a ellos se encontraron diferentes materiales cerámicos y algunas piezas de sílex, como puntas de flecha y un cuchillo (Esteve, 1979). Estos materiales cerámicos y líticos se pueden observar hoy en las vitrinas del Museo Arqueológico de Jerez de la Frontera (Cádiz). Desgraciadamente los restos óseos no corrieron la misma suerte y se desconoce que ocurrió con ellos.

4.2.3. Paraje de Monte Bajo (Alcalá de los Gazules)

- **Ubicación**

La necrópolis de Paraje de Monte Bajo se localiza en una ladera a orillas del Pantano de Barbate, en el término municipal de Alcalá de los Gazules (Cádiz) (figura 2:3) (Lazarich *et al.*, 2010).

- **Historia de la investigación**

En el año 2004 se descubrió en la orilla del embalse del río Bárbate (Alcalá de los Gazules, Cádiz), el cual es causante de la propia destrucción del yacimiento. Durante esta campaña, un equipo liderado por la profesora de la Universidad de Cádiz, María Lazarich, trabajó sobre cuatro estructuras megalíticas colectivas, dos de corredor y dos de galería, donde se logró documentar un gran ajuar de cerámica y otros elementos líticos de sílex como una hoja-cuchillo. Debido a la crecida del embalse en marzo de 2010 las aguas del Bárbate ocultaron la necrópolis. Esto ha ocasionado que el yacimiento haya quedado sumergido bajo las aguas. Solo se puede observar la cubierta de algunas estructuras. El estado actual del yacimiento, debido a la acción del pantano es casi inexistente (Lazarich *et al.*, 2010).

- **Estructuras funerarias y ajuar**

Se excavaron y estudiaron 4 estructuras funerarias diferentes, con unas cronologías que van de finales del IV milenio a.C. hasta la primera mitad del II milenio a.C. Todas ellas son cuevas artificiales con enterramientos colectivos y secundarios. Interesa especialmente la

Estructura 2, por ser la que presenta una cronología propia de finales del Neolítico. Es una sepultura colectiva en la que se enterraron alrededor de 60 individuos. Su tipología corresponde a un corredor trapezoidal que da acceso a una cámara oval excavada en la roca. El ritual documentado corresponde a inhumaciones secundarias, si bien se observan algunos restos humanos termoalterados, los cuales no son muy frecuentes en esta zona. Destaca la inhumación de dos perros en el centro de la estructura del enterramiento. Es la estructura funeraria que cuenta con el ajuar más reducido, formado por fragmentos cerámicos, pulimentos, hojas de sílex, cuentas de collar de variscita y polvo de ocre (Lazarich 2007; Lazarich *et al.*, 2010).

4.2.4. Cueva de Buena Vista (Vejer de la Frontera)

- **Ubicación**

Se localiza a un km. y medio al suroeste de la población de Vejer de la Frontera (Cádiz), en la misma falda de la ladera del Cerro de Buena-Vista (Negueruela, 1981-1982: 23) (figura 2:4).

- **Historia de la investigación**

Fue dada a conocer por Iván Negueruela. Su localización fue debida a labores agrícolas, cuando una vaca quedó atrapada en la tumba al caer dentro por la rotura del terreno donde se encontraba la estructura. Se trata de una tumba en forma de pozo vertical con cámara lateral. Debido a que quedó al descubierto, fue objeto de saqueos y de una posterior destrucción. Sólo se pudieron recoger varios fragmentos cerámicos y documentar la existencia de la estructura (Negueruela, 1981- 1982).

- **Estructuras funerarias y ajuar**

Consiste en una cueva excavada en la roca. Aunque originalmente la entrada tuvo que tener mayores dimensiones, en el momento de su descubrimiento, el pozo, de sección cuadrada, tenía una profundidad de 1,60 m., ya que se encontraba enteramente rellena de piedras. En el fondo, tenía una losa de 80 cm. x 180 cm. y tras ella, en el fondo de la estructura, sólo se encontraron unos pocos huesos sobre el suelo de la cámara. Tanto la tumba como el material cerámico encontrado coinciden en su tipología con la del resto de los enterramientos en cuevas artificiales del Bronce I, vinculándola a la llamada *"cultura de las cuevas artificiales"* (Berdichewsky, 1964; Negueruela, 1981-1982). Desgraciadamente como relata el autor: *"[...] Se entregó al Sr. Morillo un cuenco cerámico que él mismo había extraído de la tumba: creyendo que encontraría oro procedió a revolver el interior de la misma sin encontrar más que el citado cuenco y algunos huesos, calavera incluida, que tiró."* (Negueruela, 1981-1982: 23). Actualmente, no se dispone de material óseo humanos para estudiarlo.

4.2.5. Cerro de las Vasconcillas (Rota)

- **Ubicación**

El Cerro de las Vasconcillas se ubica al norte del término municipal de Rota, muy cercano a la costa y con un buen control visual del entorno. Se encuentra entre la desembocadura de los ríos Guadalquivir y Guadalete y con un terreno compuesto geológicamente por margas y calizas (Paredes *et al.*, 2010: 27) (figura 2:5).

- **Historia de la investigación**

El descubrimiento del yacimiento fue durante la obra de "Ensanche y mejora del firme de la carretera CA P-6041. Munive (Cádiz)". Su excavación fue llevada a cabo por la empresa Arqueosub Andalucía S.L., cuya directora Susana Sempere fue la que alertó a la Dirección General de Cultura de Cádiz del hallazgo de restos arqueológicos. Dada la extensión del yacimiento fue subdividido en cinco sectores, destacando el sector I (al noroeste), donde se localiza una cavidad artificial sepulcral y el sector III, (centro del yacimiento), con una estructura funeraria colectiva con tendencia megalítica. En los demás sectores (II, IV y V) se localizan silos y oquedades del terreno. Se han contabilizado cuarenta y ocho estructuras de almacenaje (silos) de diversas formas (barril, campana o paredes rectas) y tamaños. En algunos de ellos, su relleno es de sedimentos estériles (por abandono); mientras que en otros este sedimento está acompañado con material arqueológico (basurero), como cerámica a mano prehistórica, restos líticos, molinos de mano, fragmentos de ruedas de moler, fragmentos de ánforas y tégulas romanas, cerámicas medievales (las más abundantes) e incluso material contemporáneo. También se han documentado cuchillos metálicos y restos óseos de animales (sobre todo ovicápridos) al igual que microfauna y malacofauna (presencia de *Cardium edule* perforadas, empleadas como elementos decorativos) (Paredes *et al.*, 2010:28-32).

Los silos de forma acampanada y base plana (de mayores dimensiones) contienen sólo rellenos medievales; según sus investigadores, esto puede ser para el aprovechamiento del sustrato calizo y la reutilización del hueco como basurero. Son comparables a los del yacimiento prehistórico de La Viña (El Puerto de Santa Mª) (Ruiz y Ruiz, 1989). Por tanto, la morfología de ellos, no ayuda a determinar su cronológica. Junto a estas estructuras, se localizan varias oquedades de poca profundidad, que pueden entenderse como depósitos de agua (Paredes *et al.*, 2010), similares a las observadas en Las Viñas (Ruiz y Ruiz, 1999:226). Otro caso son las estructuras con dos bocas de silos unidas por el cuerpo (hoyos 1 y 2, y hoyos 41 y 42); aunque se desconoce su intencionalidad, parece más un solapamiento casual por la proximidad de ambas estructuras (Paredes *et al.*, 2010).

- **Estructuras funerarias y ajuar**

Tras la excavación de un aparente silo (hoyo 8), resultó ser la entrada a una cavidad sepulcral artificial. Tenía unas lajas de arenisca a modo de tapa, con un diámetro de 1,11 m., y una profundidad de 80 cm. Tras las primeras capas de sedimento, se documentó otra capa de color oscuro y arenoso donde se localizó una gran cantidad de restos óseos humanos acumulados en el fondo. Esto es debido a la constante deposición de restos a lo largo del tiempo, ya que, sólo muy pocos se encontraban en conexión anatómica (se desplazaron los más antiguos, para dejar sitio a los nuevos). Junto a ellos se han recuperado una pequeña lezna de cobre de 4 cm. (adscrita al final del Calcolítico), una espiral de cobre, una cuenta de collar y algunos fragmentos de cerámica a mano (Paredes *et al.*,2010; Costela y Paredes, 2015:107).

La otra estructura sepulcral de tendencia megalítica o de cista, está ubicada en el centro del yacimiento (sector III). Es una amplia fosa excavada sobre terreno calizo y arcilloso, delimitada por un conjunto de lajas de mediano tamaño. Se desconoce tanto la cubierta, como la entrada a la misma (circular o con corredor) (Paredes *et al.*, 2010: 36).

Dentro de la estructura se observaron varias fases de utilización funeraria: en la primera en ser excavada, y por tanto, la última de las fases de uso, se documentan dos individuos en conexión anatómica y posición fetal sobre lateral derecho, orientados al sureste del sepulcro y sin un ajuar asociado. El individuo 2, está sobre un conjunto de huesos muy bien colocados y sobre los restos del individuo 3, del que sólo quedaban las extremidades inferiores. Bajo este segundo nivel estratigráfico se documentó una primera dispersión de huesos humanos por todo el enterramiento. Junto a estos, se documentan tres puntas de sílex de retoque plano, una lámina de ofita y dos ollas; en el extremo contrario, también se han documentado dos puntas de flecha de sílex de retoque plano (una de ellas fragmentada) y un hacha de cobre. Como último estrato, en el fondo del espacio, se asocia a los restos óseos que han sido sellados por la laja (en muy mal estado de conservación). Junto a ellos se ha recuperado un cuenco prehistórico completo sobre el que apoya una lámina de sílex (Paredes *et al.*, 2010: 38). En ambas estructuras funerarias, se documentan restos humanos dispersos, pero esto es debido a la reutilización de la estructura en diferentes momentos. Se observa el paso de inhumaciones colectivas a la individualidad, sobre todo en la estructura megalítica.

Por tanto, esta necrópolis es muy significativa ya que, ciertos individuos de los aquí enterrados disponían de un alto estatus social. Respecto a la cronología, aunque no se cuenta con dataciones absolutas, por los objetos de adorno personal encontrados en la cueva artificial (espirales y el punzón de bronce), son asignables a la Edad del Bronce Antiguo y Medio, pero no se puede precisar el momento en el que se construyó o si fu erigido anteriormente y reutilizado en dicho momento (Costela y Paredes, 2015:109).

La interpretación de la estructura megalítica es más complicada. Su tipología (monumento ortostático y/o cista) indicaría una construcción de finales del III y principios del II milenio a.n.e., pues en estos momentos aparecen las denominadas cistas megalíticas en otros puntos del Suroeste de la Península Ibérica (Linares, 2011; Costela y Paredes, 2015:109). El ajuar documentado se encuadra en una cronología de finales del Calcolítico-Bronce Antiguo: las puntas de flecha y sobre todo el hacha plana de bronce, que se adscribe hacia finales del Calcolítico y principios del Bronce Antiguo. Por último, la cazuela de carena también parece corresponder con un Bronce Antiguo, por lo que se trataría de una estructura de entre finales del III milenio a.n.e., y primera mitad del II milenio a.n.e. (Costela y Paredes, 2015).

4.2.6. Necrópolis de los Algarbes (Tarifa)

- **Ubicación**

Se encuentra a 12 km de la población de los Algarbes (Tarifa), en una zona relacionada con el estrecho de Gibraltar y por tanto, punto de encuentro entre dos continentes y dos mares (Castañeda *et al.*, 2014) (figura 2:6).

- **Historia de la investigación**

La necrópolis está constituida por estructuras excavadas en la roca. Fue objeto de excavación durante los años 60 y 70 del siglo pasado (Posac, 1975) y posteriormente en los años 90, se realizó una nueva intervención de limpieza y adecuación del yacimiento (Mata, 1991). A pesar de que se han localizado 39 estructuras funerarias, solo se han podido estudiar de manera arquitectónica, ya que la gran mayoría han sido saqueadas y/o reutilizadas; a pesar de ello, este estudio arquitectónico y el relativo a los ajuares y los rituales de enterramiento, permiten comprender el mundo funerario en la zona durante el III y II milenio a.n.e.; también permite comparar con otras necrópolis de similares características localizadas en el Sur de la Península Ibérica (Castañeda *et al.*, 2013:199). A pesar de que se conocía la necrópolis, por hallazgos casuales y algunas misiones científicas, no fue hasta los años 60 del siglo XX cuando se comenzó a intervenir, de la mano de C. Posac. Se desarrollaron 5 campañas de excavación entre 1967 y 1972, que permitieron localizar 10 estructuras de carácter funerario de cronologías de la Edad del Bronce, así documentar la ocupación de la zona desde la prehistoria hasta el medievo. Aunque los resultados fueron muy importantes, el yacimiento pasó al olvido hasta los años 90, cuando se retomó la investigación. Fue entonces cuando se delimitó de manera espacial la necrópolis y se amplió su periodo de ocupación hasta la Edad del Cobre (Mata, 1991; Castañeda *et al.*, 2013; 200). Recientemente, el prof. Vicente Castañeda

Fernández (Universidad de Cádiz), está desarrollando un proyecto denominado: "La necrópolis de Los Algarbes (Tarifa, Cádiz). La permanencia del paisaje funerario en el ámbito del Estrecho de Gibraltar (2012- 14) (HAR2011-25200)", con el fin de dar respuesta a los problemas de difusión y conservación que presenta dicho yacimiento.

- **Estructuras funerarias y ajuar**

Muchas de las estructuras y la zona en general han sufrido una intensa reocupación. De la Edad del Bronce, destacan 10 sepulturas, excavadas por C. Posac, concretamente la Estructura I, formada por las sepulturas 1 y 2; es un conjunto de construcción mixta: donde el corredor, la cámara principal y las laterales localizadas en el corredor de acceso se encuentran excavadas en la roca, mientras que la cubrición aparece realizada por medio de ortostatos. Este tipo de estructuras recuerdan mucho a las dolménicas. La sepultura nº 1 conservaba un nivel de enterramiento de un solo individuo con ajuar con distintas formas cerámicas, fauna e industria en lítica (hojas de sílex, puntas de flechas) y en piedra (hachas pulimentadas) (Posac, 1975). En la estructura nº 2 destaca el hecho de que la entrada estaba bloqueada por un muro de piedras. En el interior de la sepultura nº 3 había un gran relleno de residuos actuales y en el exterior se concentraba grandes piedras con restos cerámicos. Hacia el sur de esta cueva aparecen nuevas cavidades, mientras que hacia el norte en cotas más bajas se localizan las cuevas artificiales nº 4 y nº 5, las cuales corresponden a la misma morfología de cámara circular abovedada con entrada lateral (Mata, 1991:86). Junto a la sepultura nº 6, se encuentra el nº 7 G de la que sólo se ha conservado el fondo y una pared en la zona occidental con una acumulación de huesos humanos, fauna y cerámica. Más hacia el norte, la estructura nº 5E conserva una forma circular; mientras que la nº8H sólo conserva el fondo de dos estructuras unidas con forma circular.

Las denominadas 14N y l0 J, están abiertas en el mismo nivel inferior que las sepulturas 4 y 5. Estas se encuentran cubiertas totalmente por bloques de arenisca y son de morfología similar con entradas laterales. Esta última, la nº 5 conservaba un nivel de enterramiento con un ajuar cerámico y lítico junto a objetos de oro, marfil, hueso y concha. Tras su excavación y hasta 1990 volvieron a ser utilizadas por la actividad ganadera (guardar ganado porcino) (Mata, 1991:87). Durante la intervención de 1990 sólo fue limpiada la sepultura nº 6. La sepultura nº 7 consta de tres recintos, orientados de este a oeste: el primero (2 m. de diámetro en su eje E-0 y 2'40 de N-S), sin cubierta; al segundo (diámetro de 1, 76 m.) se accede tras un pequeño desnivel, estando su fondo y sus paredes muy erosionados (por raíces) Por último tendríamos el tercer recinto, el cual no fue excavado totalmente por C. Posac. De él podemos señalar una abertura en el lateral y el hallazgo en su interior de restos de objetos contemporáneos. Su planta es de tendencia elíptica y con un diámetro E-0 de 1'60 m. y 2'40 m. de N-S. En la limpieza exterior del primer recinto se recogieron restos de *opus signinum*, (ya citado en las excavaciones de C. Posac), junto a un objeto circular fragmentado de bronce. En la zona occidental se localizan las estructuras n ° 8 y n° 9. La cueva artificial n° 10 destaca por su morfología ya que es la única excavada que tiene una sola entrada vertical y estructura siliforme. Durante la campaña de 1990 se han detectado varias que pudieran pertenecer al mismo tipo. La sepultura n° 11(tipo de fosa excavada en la roca, de forma elíptica), se le atribuye a época medieval, pero no contenía restos arqueológicos (Mata, 1991: 87).

4.2.7. Torre Melgarejo (Jerez de la Frontera)

- **Ubicación**

El yacimiento se sitúa a unos 10 km. al Noreste de término municipal de Jerez de la Frontera. Se localiza en la ladera Norte del cerro en el que se ubica la fortaleza Bajo medieval de "Torre de Melgarejo" (González y Ramos, 1988) (figura 2:7).

- **Historia de la investigación**

En el año 1988, se produjo el hallazgo casual de este yacimiento por parte de un vecino del poblado que dio aviso del descubrimiento. Tras una inspección del lugar y la recuperación de restos cerámicos y óseos se solicitó una actuación inmediata, llevada a cabo por la directora del Museo Arqueológico de Jerez, Rosalía González y el profesor de Prehistoria de la Universidad de Cádiz, José Ramos. Se encuentra en un enclave privilegiado, tanto por sus posibilidades económicas como por su situación geográfica. Hay que destacar la cercanía a otro yacimiento como es El Trobal, a escasos cuatro km. de Torre Melgarejo. No era la primera vez que se tenía constancia de la aparición de restos en la zona, ya que en 1956, M. Esteve Guerrero lo citó en varias ocasiones (González y Ramos, 1988:86). Tras la limpieza de la zona se pudo observar que era una estructura subterránea, que no se conservaba la entrada debido a acciones antrópicas. El relleno estaba constituido por tierras muy sueltas, arenosas y con nódulos de cal. Tras este relleno aparece el nivel de enterramiento, con tierras de coloración más oscura y más consistentes. Los restos óseos y el ajuar estaban colocados directamente sobre el fondo (González y Ramos, 1988:87).

- **Estructuras funerarias y ajuar**

La estructura presenta unas dimensiones de 1,30 m. de altura y 2,60 m. de diámetro y una forma acampanada y con tendencia circular y base plana (González y Ramos, 1988). El conjunto óseo se concentraba en la parte central. Se puede observar una cierta individualización funeraria por la disposición del espacio funerario, ya que, determinados objetos de prestigio aparecieron junto a uno de los individuos. Entre el material de ajuar destaca una alabarda en sílex, cinco puntas foliáceas de aletas desarrolladas, dos pequeños cuencos cerámicos, un fragmento de punzón de cobre y

siete conchas perforadas (parte de un collar). Los restos óseos mejor conservados corresponden al individuo situado en lo más profundo, que presenta posición fetal, con el cráneo hacia el Norte y mirando hacia el Este; la alabarda, una punta foliácea, un pequeño cuenco cerámico y un punzón de cobre están asociadas a este individuo. El collar de conchas apareció bajo uno de los cráneos de la zona central (González y Ramos, 1988). Se puede encuadrar cronológicamente en torno a finales del III e inicios del II milenio a.C., en la etapa más evolucionada o final del Calcolítico, caracterizada por cambios sociales y económicos dentro de los grupos poblacionales, que se verán más acentuados en la Edad del Bronce (González y Ramos, 1988:97).

4.3. Yacimientos con enterramientos en fosa

Existen una serie de yacimientos de diferentes cronologías y localización geográfica, con enterramientos en fosa. Este tipo de ritual de enterramiento puede estar conformado tanto por inhumaciones individuales como por colectivas e incluso en algunos casos como enterramientos secundarios. Muchas de las sepulturas se documentan en la misma zona de hábitat, pudiendo marcar una forma de vida seminómada de estas sociedades, mientras que otras se encuentran situadas en las inmediaciones de los poblados. Esto irá condicionado por las cronologías en las que se encuentre. En una visión diacrónica, se ve una clara diferenciación espacial entre la zona de necrópolis y la de hábitat, siendo en la época más antigua o arcaica, cuando menos diferenciación existe y en épocas más recientes, como la Edad del Bronce, donde si existirá una clara diferenciación social y por tanto, también en las inhumaciones. La tipología de las estructuras funerarias es variada y abarca desde los enterramientos más sencillos en fosas simples, a túmulos o tumbas con una mayor monumentalidad (Vijande, 2010). Los yacimientos a estudio son El Retamar (Puerto Real)(Ramos y Lazarich, 2002), Campo de Hockey (San Fernando) (Vijande, 2010), El Estanquillo (San Fernando) (Ramos, 1993; Castañeda, 1997), La Loma del Puerco (Chiclana de la Frontera) (Benítez *et* al., 1992), Monte Berrueco (Medina Sidonia) (Escacena y De Frutos, 1981;1985), Cortijo de los Síles – La Carrizosa (Jerez de la Frontera)(González *et al.,* 2008: 93) y C/ Castellanos n°3 y Plaza del Carmen n°4 (Jerez de la Frontera) (figura 3). Las estructuras funerarias en fosa, suelen estar planificadas por parte del grupo, ya que, no suelen realizarse sobre enterramientos anteriores o estructuras ya construidas. La propia construcción suele tener un laja vertical que se puede entender como elemento señalizador (Vijande, 2010).

El tipo de tumba junto con el ajuar que contiene (productos exóticos o de prestigio), es muy importante, porque constata la existencia de una serie de desigualdades sociales, así como la articulación de auténticas redes de distribución de productos (Domínguez-Bella *et al.*, 2008). Por tanto, existe una clara relación entre monumentalidad y presencia de ajuar de prestigio en la sepultura y la diferenciación social de los individuos. No require el mismo esfuerzo la construcción de una simple fosa y donde no se deposita ningún tipo de ajuar, que una estructura con lajas a modo de cubierta (más elaborado) y con un ajuar exótico o de prestigio.

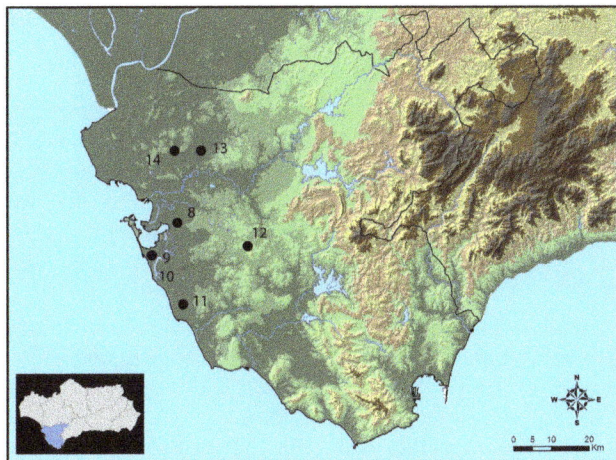

Figura 3. Localización de yacimientos con enterramiento en fosa. 8. El Retamar (Puerto Real), 9. Campo de Hockey (San Fernando), 10. El Estanquillo (San Fernando), 11. Loma del Puerco (Chiclana de la Frontera), 12. Monte Berrueco (Medina Sidonia), 13. Cortijo de los Siles – La Carrizosa (Jerez de la Frontera), 14. C/Castellanos n°3 y Plaza del Carmen, n°4 (Jerez de la Frontera).

4.3.1. El Retamar (Puerto Real)

- **Ubicación**

El yacimiento del Retamar se encontraba en plena línea de costa. Actualmente se localiza en la localidad de Puerto Real, (Cádiz). Su paisaje actual es totalmente diferente al de Holoceno, debido al máximo transgresivo Flandriense (Gracia, Benavente y Martínez, 2002) (Ramos y Lazarich, 2002) (Figura 3:8).

- **Historia de la investigación**

Es uno de los asentamientos al aire libre del Neolítico Antiguo más interesantes y que más información ha aportado. Se localizó entre 1995-1996 durante una intervención arqueológica realizada tras el desmantelamiento mecánico de la zona con motivo de su urbanización. Esta intervención fue dirigida por los profesores de la Universidad de Cádiz, José Ramos y María Lazarich. La excavación permitió la documentación de 98 estructuras: 62 hogares, 10 concheros, 2 enterramientos y 24 concentraciones de materias primas. Las diversas investigaciones han determinado que era un asentamiento de carácter estacional ocupado por un grupo social con un modo de vida semi-sedentario, con unos primeros indicios de economía de producción (ganadería), pero seguían teniendo un peso importante las actividades cazadoras-recolectoras (destacando más animales procedentes de caza, sobre los domésticos) y pescadoras-mariscadoras.

En la parte central del yacimiento se observa un predominio de los hogares vinculados a actividades multi-funcionales; mientras que para el área occidental se baraja la hipótesis de un posible uso como zona de hábitat, ya que, en esta zona se documentan diversas concentraciones de piedras (asociadas a agujeros de postes o sistemas de sujeción de paravientos), hogares junto a áreas de producción lítica, cerámicas decoradas (cardiales) y diversos instrumentos de tipo doméstico (como raspadores), y sobre todo por la presencia de concheros (concentración de moluscos y conchas), los cuales muestran un claro consumo de bienes marinos (Ramos y Lazarich, eds., 2002). El análisis espacial de los productos arqueológicos como la industria lítica y la cerámica, permite diferenciar entre áreas de actividad para el desarrollo de procesos de transformación y consumo de productos, y destacando, según sus investigadores, la técnica del ahumado de algunas especies de peces para su posterior traslado a aldeas situadas al interior (Ramos y Lazarich, eds., 2002).

- **Estructuras funerarias y ajuar**

En el aspecto del ritual funerario se han documentado dos estructuras de enterramiento en fosa, tanto enterramientos individuales, como dobles. Se encontraron dos individuos colocados en posición encogida. El enterramiento determinado 1 corresponde a una pequeña fosa en la que se depositaron varios restos óseos humanos sin ninguna conexión anatómica; mientras que el enterramiento 2 presenta restos de dos individuos. Uno de ellos se halló completo y en conexión anatómica; mientras que del otro individuo, solo se conservan restos de la mandíbula, incrustada en los huesos largos pertenecientes a sus extremidades inferiores. Estos enterramientos muestran una cierta frecuentación sobre el territorio, pese a su carácter estacional. Con el tipo de estructura y el propio ajuar, no se aprecian claras evidencias de diferenciaciones sociales, lo que apunta a unas prácticas comunitarias de trabajo y consumo (Ramos y Lazarich, eds., 2002).

4.3.2. Campo de Hockey (San Fernando)

- **Ubicación**

Este yacimiento se localiza en el extremo sur del término municipal de San Fernando (Cádiz), sobre una ladera y a escasos metros de la línea de costa. Durante la Prehistoria reciente este territorio era una isla, como se puede observar en las zonas elevadas de la ciudad actual y las explotaciones marítimas existentes (salinas y esteros) (Arteaga *et al.*, 2008; Alonso *et al.*, 2009; Vijande, 2010) (figura 3:9).

- **Historia de la investigación**

Su localización se debió a las obras realizadas para la construcción de un campo de hockey sobre hierba en la población de San Fernando. La excavación fue dirigida por el arqueólogo Eduardo Vijande, contratado por Figlina, S.L. Durante la intervención se documentaron dos momentos culturales: el Neolítico Medio Avanzado (V milenio a.n.e. y principios del IV milenio a.n.e.) y la Edad del Bronce (Vijande, 2009; 2010; Vijande et *al.,* 2015:151). Este yacimiento constituye la mayor novedad en las últimas décadas en lo que se refiere al mundo funerario neolítico, tanto por sus dimensiones, como por el tipo de manifestación funeraria que constituye para estos momentos en la Baja Andalucía. Se estima que el área excavada y estudiada solo es 1/3, al igual que 1/3 ha sido destruida por el rebaje mecánico y quedaría 1/3 como "área de reserva arqueológica" (bajo el césped del propio estadio deportivo) (Vijande, 2010).

Se distinguen tres áreas datadas en el Neolítica, se han localizado tres áreas: la zona más elevada en la que se localizan dos estructuras interpretadas como fondos de cabaña; una zona intermedia con 5 estructuras circulares excavadas en la marga terciaria y que, por su tipología, se han denominado "pozos"; mientras que la zona más baja y a su vez la más interesante es donde se documenta la necrópolis (Vijande, 2010).

- **Estructuras funerarias y ajuar**

Las estructuras funerarias son fosas, en muchos casos, cubiertas con lajas verticales que delimitan la zona de enterramiento. El ritual de enterramiento consiste en inhumaciones individuales, en posición fetal, recostados sobre el lado derecho o izquierdo y con las manos ubicadas a la altura del tronco o apoyadas en el cráneo. Igualmente, se han localizado tres enterramientos dobles y dos triples. La importancia radica en el carácter individual de sus sepulturas, proporcionando un conocimiento sobre los aspectos socioeconómicos y pudiendo asociar ajuares a individuos concretos. Los propios túmulos y las lajas verticales de muchos de estos enterramientos servirían como elementos señalizadores (Vijande, 2010). La necrópolis en sí es muy significativa, ya que se trata de una de las pocas con estas cronologías. Su importancia radica en varios factores: el análisis de los "ajuares" (como valores de prestigio social) y de las diferentes estructuras funerarias, que suponen un gran esfuerzo y una gran inversión de trabajo comunitario. No todas las tumbas contienen algún tipo de ajuar, indicando que existen posibles desigualdades sociales. La presencia de objetos exóticos como: variscita, turquesa, ámbar, entre otros y su presencia en muy pocas tumbas, testimonia la existencia de una clara desigualdad social, así como la articulación de auténticas redes de distribución de estos productos (Domínguez-Bella et *al.*, 2008; Vijande, 2010).

4.3.3. El Estanquillo (San Fernando)

- **Ubicación**

El yacimiento de El Estanquillo se localiza en la ciudad de San Fernando. Concretamente en la ladera sur del Cerro de los Mártires en una zona denominada "La Dehesa", en las inmediaciones del Caño de Sancti Petri. El entorno se caracteriza por una gran influencia del mar, que ha condicionado a los antiguos poblamientos en la zona (Ramos, 1993) (figura 3:10).

- **Historia de la investigación**

El yacimiento de El Estanquillo, está en estrecha relación con otros asentamientos que tienen como medio común el costero atlántico y de marismas del Bajo Guadalquivir. La zona ha sufrido una intensa transformación urbanística y degradación paisajística, por el gran desarrollo de la zona en el último siglo (Ramos, 1993; Castañeda, 1997). La zona donde se encuentra el yacimiento es muy rica en evidencias arqueológicas, debido a que se localiza en una suave pendiente, propiciando una rápida sedimentación y por tanto, su conservación. En 1990 se realizó, por parte del profesor de la Universidad de Cádiz, José Ramos una excavación arqueológica de urgencia, en la que fue posible la documentación de un nivel de época neolítica (V-IV milenio a.n.e.) (Ramos, 1993). Posteriormente, en el año 1992, se realizó una prospección arqueológica superficial del T.M. de San Fernando que permitió la documentación de más yacimientos, por parte del mismo equipo (Ramos, 1993; Castañeda, 1997; Vijande, 2010: 301).

En concreto este yacimiento presenta unas cronologías del Neolítico Final (IV milenio a.n.e.) con una fuerte presencia de elementos que muestran la actividad económica y alimenticia de la población, gracias al hallazgo de restos de fauna y malacofauna, mostrando, la presencia de esta última, una gran vinculación con el medio marino (marisqueo). Esto también lo evidencia la presencia de hojas y lascas brutas, para la caza (mantenimiento de la tradición de productos geométricos). A pesar de la escasa cerámica documentada, se localizan varias escudillas y ollitas de paredes verticales de buena calidad y con baños de almagra (Ramos, 1993; Castañeda, 1997). En la segunda ocupación, datada el Bronce Pleno, destaca el carácter microlítico de la industria encontrada, con evidencias de elementos de Hoz. Se identificaron 3 áreas de actividad relacionadas con el consumo, la producción y de enterramiento (Ramos, 1993).

- **Estructuras funerarias y ajuar**

Se documentó una inhumación en fosa simple delimitada por una estructura conformada por piedras bajo el área de habitación del asentamiento. El individuo, adulto y de edad adulta (Alcázar, 1994), se localizó en posición ligeramente flexionada, presentaba una orientación hacia el Este. Los objetos de ajuar son muy modestos y concuerdan muy bien con materiales de uso cotidiano, como son los cuencos carenados, cuencos de borde entrante, cuenco de casquete esférico o vaso de paredes verticales; de tipo lítico, se observan lascas de semidescortezado, internas, levallois y un perforador.

También se encontraron algunos fragmentos de cuarzo - Jacintos de Compostela- (Ramos, 1993). Este yacimiento, junto con otros como Campo de Hockey aportan una gran información sobre la Prehistoria reciente de San Fernando, debido a la documentación de dos niveles: IV milenio a.n.e. y II milenio a.n.e. Las características de este tipo de yacimientos llevan a plantear la hipótesis de tener una ocupación esporádica o temporal de la zona destinada a actividades agrícolas y ganaderas y con una significativa actividad pesquera y marisquera como complemento de la dieta de la comunidad (Ramos, coord., 2008).

4.3.4. Loma del Puerco (Chiclana de la Frontera)

- **Ubicación**

La finca Loma del Puerco se localiza a 8 km. al suroeste del núcleo urbano de Chiclana de la Frontera (Cádiz). Limita con los terrenos de Novo Sancti Petri, al norte, con el Termino Municipal de Conil, al sur y al este con terrenos de Campano S.A. (Giles *et al.*, 1991; Benítez *et al.,* 1992) (figura 3:11).

- **Historia de la investigación**

Las diferentes obras de construcción de canalizaciones y viales para la futura urbanización de la zona obligó a que se tuviera un control arqueológico. Durante el verano de 1991 se llevaron a cabo una serie de prospecciones arqueológicas, dirigidas por Francisco Giles (Director del Museo del Puerto de Santa María) y Rita Benítez. La industria lítica (complejo de cantos tallados), permitió datarlo entre finales del Pleistoceno Medio e inicios del Superior. En una segunda prospección con una serie de sondeos estratigráficos y excavaciones, en 1992, llevados a cabo por las arqueólogas: Rita Benítez, Esperanza Mata y Beatriz González, se comprobó que esta zona es rica en yacimientos, ya que, se localizaron conjuntos líticos del Pleistoceno Medio-Superior, un poblamiento del Cobre, industria alfarera y actividad pesquera (salazones y relacionada con una industria alfarera de ánforas) de época romana por toda la franja costera, al igual que de época moderna y contemporánea (Benítez *et al.,* 1992). Sin duda alguna, el hallazgo más interesante para nuestro estudio, dentro de este yacimiento es la necrópolis del II milenio a.n.e.

- **Estructuras funerarias y ajuar**

Todas las estructuras son muy similares pero no siguen un modelo específico. Fue durante la campaña de 1992, cuando se localizaron siete estructuras, de las que cinco contenían restos óseos. Una vez realizados los enterramientos, las sepulturas eran cubiertas completamente, quedando un pequeño montículo de piedras que serviría como protección y delimitación de la misma; esto se observó sobre todo en las sepulturas 3, 4, 5 y 6 (Benítez *et al.,* 1992).

La sepultura 1 presenta tres fosas, pero sólo una de ellas contenía restos humanos. La sepultura 2, 3 y 6 estaban formadas por dos fosas; de ellas, la 2 y la 3 contenían niveles de enterramiento humano, mientras que en la sepultura 6 los restos se acumulaban sólo en una de las cavidades. Las sepulturas 4 y 5 estaban constituidas por una fosa única en la que se conservaban escasos fragmentos de huesos humanos. Aparecen restos malacológicos en muy buena conservación y con una cuidada posición, indicando la intencionalidad de su deposición, teniendo un significado simbólico. Los perfiles de las fosas son de tipo cubeta o en forma de saco ovalado o globular. En cuanto a las dimensiones de las fosas, todas, excepto la 4, tienen en su base, unas medidas entre 80-160 cm. con formas más o menos circulares y con una profundidad de unos 10-50 cm en las que no tienen nivel de enterramiento; mientras que en las que sí existe, aumenta, oscilando entre 50-94 cm (fosas 1C, 3A, 3B y 6A). En el interior de las fosas, aparte de los restos óseos, se localizó un sedimento arcilloso-arenoso con diversos materiales cerámicos (muy fragmentados), lítico y/o metal. Como elemento significativo destaca la sepultura 3 donde apareció un fragmento de brazalete de marfil de sección rectangular y un elemento de hoz en sílex; mientras que en la sepultura 6, asociado a los restos óseos, se localizó un pequeño objeto de cobre, posiblemente un adorno. Tanto la tipología del ajuar, como las dataciones encuadran esta necrópolis en el periodo del Bronce (González *et al.,* 2010: 238).

4.3.5. Monte Berrueco (Medina Sidonia)

- **Ubicación**

Se localiza en un cerro-testigo de formación caliza situado en la campiña gaditana, muy cercano al núcleo poblacional de Medina-Sidonia (Escacena y De Frutos, 1981) (figura 3:12).

- **Historia de la investigación**

El yacimiento en sí ha sido destruido en su mayor parte por la cercana explotación de material de construcción (cantera). Durante el verano de 1982, un equipo dirigido por José Luis Escacena (Universidad de Sevilla) y Gregorio De Frutos (Universidad de Huelva) realizó dos cortes estratigráficos en el sector norte, donde se localizaron materiales de los últimos momentos del Calcolítico, así como los restos de cinco enterramientos. En niveles inferiores fue localizada una estructura de habitación de muros rectos y una puerta orientada al noreste. Sobre este zócalo de piedras se edificó un muro de tapial o adobe rojo, que se desprendió hacia las afueras de la casa, una vez abandonada la misma. En los alrededores de la puerta, en su zona externa, había una gran abundancia de restos cerámicos. En los momentos finales de ocupación, se llevaron a cabo tres enterramientos individuales en fosa: (E-Al, E-A2 y E-B3) Se realizaron varias dataciones por C-14, confirmando las cronologías del II milenio a.n.e. (Escacena y De Frutos, 1981:158).

- **Estructuras funerarias y ajuar**

El elemento común a todas las sepulturas fue el ritual; los enterramientos se realizaron en fosas poco profundas y sin cubierta. Las inhumaciones eran individuales y en posición en decúbito lateral izquierdo (dirección este-oeste), como puede observarse al menos en: E-Bl, E-B2 y E-B3. Todos ellos contenían, pequeños cristales de cuarzo en relativa abundancia, que habían sido depositados intencionadamente en la tumba, ya que, no se encontraban en otros puntos del yacimiento, entendiéndose quizá por sus investigadores, como parte del ritual funerario (Escacena y De Frutos, 1981:171-172):

E-Al: Se conservaban algunos fragmentos de cráneo, parte de la mandíbula y algunas costillas muy fragmentadas.

E-A2: Se localizaron algunos dientes y fragmentos de la clavícula.

E-B3: Mejor conservada que las anteriores, esta sepultura contenía los restos de un individuo adulto del que apareció, en gran parte, su mitad inferior (fémures, tibias y peronés). En esta ocasión la fosa se realizó a mayor profundidad, introduciéndose ligeramente en la tierra virgen.

E-Bl: se trata del enterramiento mejor conservado. Se conservan algunos dientes y restos aislados del cráneo, gran parte de las costillas, los húmeros, parte de la pelvis, los fémures y, muy fracturados, restos de tibias y peronés. La fosa llegó a perforar muy ligeramente la tierra virgen.

E-B2: Este último enterramiento contenía los restos de un individuo del que se conservaban algunos fragmentos del cráneo y varios dientes, algunas costillas, y fragmentos de húmero. La inhumación se realizó en el estrato II (abandono). Como ajuar destaca un pequeño puñal de cobre de cuatro remaches, que apareció algo alejado del enterramiento. La tipología de los materiales arqueológicos encontrados aportan una cronología en torno al II milenio a.n.e.; destaca la presencia de cerámica campaniforme, industria lítica asignable al Calcolítico final y la extraordinaria abundancia de cuencos hemisféricos. El ritual funerario también indica el cambio, ya que son inhumaciones individuales dentro del mismo hábitat, rompiendo con la costumbre anterior de los enterramientos colectivos (Escacena y De Frutos, 1981: 173).

4.3.6. Cortijo de los Síles – La Carrizosa (Jerez de la Frontera)

- **Ubicación**

La zona se localiza a unos 3 km de la ciudad de Jerez de la Frontera en dirección a Sevilla, siguiendo la carretera nacional – IV, justo enfrente del cortijo "La Carrizosa" (Bejarano, 2002) (figura 3:13).

- **Historia de la investigación**

Los restos humanos fueron localizados en junio de 2002 a causa de la Actividad Arqueológica de Urgencia "Duplicación de Calzada en carretera Nacional IV, entre el P.K. 628,4 y el P.K. 632,9 en el T.M. de Jerez de la Frontera (Cádiz)", dirigida por el arqueólogo, Diego Bejarano. La zona forma parte de los actuales rebordes de los Llanos de Caulina, indicando la trayectoria de un antiguo brazo del Guadalquivir. Las estructuras arqueológicas se localizaron en la ladera S-E de un amplio cerro de unos 49 m de altitud sobre el nivel del mar (Bejarano, 2002).

- **Estructuras funerarias y ajuar**

El enterramiento consiste en una inhumación doble en fosa simple, ovalada (1,36 m x 1,55 m), excavada en las albarizas o arenas blancas con restos de conchas (UE 02). La fosa presenta tierra marrón en su interior. Aparecen restos de dos individuos ocupando el fondo de una fosa. No se encuentran restos cerámicos ni líticos, solo un elemento metálico sobre la mandíbula de uno de ellos (Bejarano, 2002). Los dos individuos fueron depositados en el interior de la tumba en momentos diferentes. Ambos se disponen en decúbito supino orientados hacia las paredes de la estructura. El individuo 1 se encuentra en decúbito lateral mirando al Noreste, con los brazos y piernas flexionados. El individuo 2 parece haber sido removido y arrinconado en el límite de la fosa (Bejarano, 2002).

4.3.7. C/Castellanos n° 3 y Plaza del Carmen n°4 (Jerez de la Frontera)

- **Ubicación**

Se encuentra en el casco urbano de la ciudad de Jerez de la Frontera (Cádiz) en la C/Castellanos n°3 y Plaza del Carmen, n°4 (Reimóndez, 2004; González *et al.,* 2008) (figura 3:14).

- **Historia de la investigación**

A causa de unas obras, se realizó una intervención arqueológica preventiva en el casco urbano de Jerez de la Frontera (Cádiz), llevada a cabo por la arqueóloga Mª Carmen Reimóndez. En los sondeos realizados aparecieron restos de época islámica (un silo pre-almohade, un horno de pan y desechos de cerámicas y tejas) superpuestos a restos de época Calcolítica (Reimóndez, 2004; González *et al.,* 2008). De esta época prehistórica, en la UE 19, en una fosa simple en el perfil Sur del Sondeo A, aparecieron restos óseos humanos (cráneo, húmeros, etc...). Por otra parte, en la UE 38, aparece un fosa longitudinal de sección en "U", excavada en el sustrato natural y colmatada por un relleno de material Calcolítico (UE 29, 37, 33). Sobre ellos se superpone el estrato de uso de enterramiento (UE 11) (Reimóndez, 2004; González *et al.,* 2008).

● **Estructuras funerarias y ajuar**

Se hallaron un total de cuatro individuos enterrados por parejas en dos fosas simples. La primera fosa simple se encuentra mejor conservada que la segunda, ya que fue parcialmente destruida por la posterior excavación en época islámica de un silo. La disposición de los esqueletos en ambas fosas no es clara por la ocupación constante en el tiempo que ha sufrido la zona que ha afectado a la propia estructuras de enterramiento (Reimóndez, 2004; González *et al.,* 2008).

4.4. Yacimientos con enterramientos en silo

La problemática sobre enterramientos en silos ya se ha desarrollado en el tercer capítulo de este trabajo, por tanto solo se darán una serie de pautas explicativas.

Los silos son estructuras con una clara finalidad de almacenamiento, pero que tras perder su función original se utilizaron como lugares de deposición de desechos y ocasionalmente como enterramientos. Estos presentan una gran problemática en su explicación, entendimiento y simbolismo. La primera problemática se genera cuando la aparición de restos óseos humanos es de forma muy parcial y/o están mezclados con otros restos óseos de fauna, cerámica y otros objetos. Por tanto, es posible que en ocasiones, no se trate de enterramientos intencionados; mientras que en otras ocasiones sí se observa claramente una intencionalidad y por ello se entiende como una manifestación funeraria con un cuidado ritual funerario. Esta problemática se deriva claramente en la intencionalidad de los enterramientos en estas estructuras (Márquez y Jiménez, 2010:233). La presencia de restos de fauna ha tenido mucha discusión, estableciéndose diversas hipótesis; si los restos aparecen desarticulados y/o con marcas de corte y descarnamiento, hay una clara intencionalidad económica y refleja el consumo de carne animal por parte de estas poblaciones (Nocete, 2001); mientras que los restos completos o sin marcas de consumo, son más entendidos como el resultado de rituales relacionados con estas poblaciones. Por la contextualización de ciertas estructuras, tienen una clara función con la fundación y vinculación al terreno apropiado, dando evidencias de unos inicios de la jerarquización (Cámara *et al.,* 2010: 315).

La denominada «*Cultura de los Silos*», con unas cronologías comprendidas entre la época neolítica y calcolítica, se extiende por el Bajo Guadalquivir, la Alta Andalucía y la Extremadura portuguesa. Este horizonte funerario es paralelo cronológicamente al fenómeno del megalitismo (Valverde, 1993). Los yacimientos con enterramientos en silo en nuestra área de estudio son: La Esparragosa (Chiclana de la Frontera) (Pérez *et al.,*2005), Las Viñas-Cantarranas (Puerto de Santa María), Base Naval de Rota (Puerto de Santa María), SET Parralejos (Vejer de la Frontera), El Jadramil (Arcos de la Frontera), Necrópolis las Valderas (Arcos de la Frontera), El Trobal (Jerez de la Frontera), Jardines de Tempul (Jerez de la Frontera), Alcázar de Jerez de la Frontera (Jerez de la

Frontera), C/ Zarza nº 16 (Jerez de la Frontera) (Moreno-Márquez, 2015:115) .En el caso de Andalucía se observa, a tenor de los últimos yacimientos localizados y estudiados en las última década en la provincia, poblamientos con cronologías entre la segunda mitad del V milenio a.n.e. y la primera mitad del IV; una considerable proliferación de asentamientos cuyas construcciones deben ser realizadas en material perecedero y de las que no existen restos constructivos (fosas excavadas en el suelo, restos de hogares, las propias zanjas características de estos poblado, etc.), y por tanto, sólo se constata con los materiales de uso domésticos. También es a partir de la segunda mitad del IV milenio a.n.e. cuando se da una intensificación significativa de las fuerzas productivas, propiciando un importante desarrollo de las técnicas de almacenamiento en lo que normativamente se ha llamado hacia el Neolítico Final como la "*Cultura de los campos de silos*" (Carrilero *et al.,* 1982; Vijande, 2010:40).

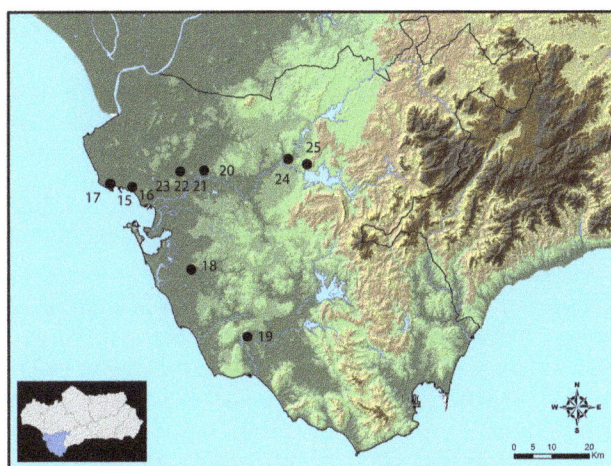

Figura 4. Localización de los yacimientos con enterramientos en silo: 15. Las Viñas (El Puerto de Santa María), 16. Cantarranas (El Puerto de Santa María), 17. Base Naval de Rota (El Puerto de Santa María), 18. La Esparragosa (Chiclana de la Frontera), 19. SET Parralejos (Vejer de la Frontera), 20. El Trobal (Jerez de la Frontera), 21. Jardines de Tempul (Jerez de la Frontera), 22. Alcázar de Jerez de la Frontera (Jerez de la Frontera), 23. C/ Zarza nº 16 (Jerez de la Frontera), 24. Necrópolis Las Valderas (Arcos de la Frontera), 25. El Jadramil (Arcos de la Frontera).

4.4.1. Las Viñas-Cantarranas (El Puerto de Santa María)

Estos dos yacimientos se localizan en el término municipal de El Puerto de Santa María y forman parte de un conjunto de yacimientos muy próximos entre sí. Ambos fueron excavados a lo largo de los años 80 por diversos equipos de investigación (Ruiz y Ruiz, 1999:223). Se tiene referencia de este yacimiento hacia los años 30, cuando en el acantilado de Fuentebravía se localizó una inhumación con un ajuar formado por materiales líticos y cerámicos. Ya en 1953, debido a la construcción de la Base Naval de Rota se puso al descubierto una necrópolis en la zona ubicada en la desembocadura del arroyo Salado y la ciudad de Rota (Berdichewski, 1964). En 1982, se realizaron unas prospecciones llevadas a cabo por el Museo Arqueológico Municipal del Puerto de Santa María donde localizaron el poblado de Cantarranas. Debido a la inminente destrucción del yacimiento, se llevó a cabo una primera campaña de excavación. En los años 1985 y 1986 se desarrollaron dos nuevas intervenciones arqueológicas dirigidas por D. Diego Ruiz Mata y J. A. Ruiz Fernández respectivamente; mientras que por otro lado, durante los años 1984 y 1987 se excavó el yacimiento de Las Viñas, por gran parte del equipo que excavó Cantarranas (Ruiz, 1986; Ruiz y Ruiz, 1989; Ruiz y Ruiz, 1999). En el caso de los dos yacimientos Cantarranas es anterior a La Viña en cuanto a cronología, ya que este último ofrece tipologías más evolucionadas. El yacimiento de La Viña arranca desde los últimos períodos del Neolítico reciente para desarrollar su ocupación en un Calcolítico inicial. Se observa claramente el fenómeno de los "campos de silos" (Ruiz y Ruiz, 1999). Este conjunto de yacimientos se divide en 3 áreas: una zona de taller donde se han documentado unas 9000 piezas líticas (Valverde, 1993), fondos de cabañas y áreas de estructuras siliformes (silos). Este poblado sufrió una ocupación intensa durante el tránsito de los períodos normativos Neolítico-Calcolítico, coincidiendo con la expansión definitiva en la zona de la agricultura de cereales (Ruiz, 1986). Las propuestas de sus investigadores es que la zona excavada y estudiada es parte de un amplio complejo fundamentalmente calcolítico, que se sitúa a lo largo de la línea de costa y en torno posiblemente al arroyo Salado, como vía de penetración hacia el interior de la campiña, con el fin de obtener recursos agrícolas (Ruiz, 1986).

I. Pago Cantarranas (El Puerto de Santa María)

• **Ubicación**

El yacimiento denominado « Pago de Cantarranas» se encuentra situado en el término municipal de El Puerto de Santa María (Ruiz, 1986) (figura 4:15).

• **Historia de la investigación**

Este yacimiento fue descubierto en 1982 mediante prospecciones arqueológicas en zonas afectadas por explotaciones tanto agrícolas como industriales. Se trata de un yacimiento al aire libre, cuya cronológica abarca desde el Neolítico Reciente hasta el Calcolítico Inicial. Se observan dos áreas con distintas estructuras de hábitat: un área donde se localizaron fondos de cabaña y otra con silos excavados en margas terciarias. En una segunda campaña de excavación, en 1985, se amplió el área de los silos. De la totalidad de las estructuras excavadas destacan los silos geminados (comunicados entre sí en su superficie pero sin comunicación interior) (Ruiz, 1986:95). La industria lítica hallada ofrece un alto porcentaje de restos de talla, (esquirlas y lascas de descortezamiento), con un claro predominio de la industria microlítica (triángulos, trapecios, segmentos y dientes de hoces). También destacan hachas, molinos

barquiformes, piedras de moler y machacadores circulares, que evidencian aún más una funcionalidad agrícola. Respecto a la cerámica, destaca el nulo porcentaje de piezas completas, y algunos fragmentos decorados (incisa y pintada) (Ruiz, 1986:98). Por su localización, el yacimiento tenía una fuerte dependencia del mar como fuente de recursos y base alimenticia, posiblemente relegando a un segundo plano a la explotación agrícola. Los restos alimenticios, por tanto, están constituidos principalmente por moluscos en general, junto con restos óseos de cápridos y bóvidos (Ruiz, 1986:99). Los resultados de la datación radiocarbónica ofrecen fechas del 3956 a.C. De este modo, Cantarranas sería cronológicamente un yacimiento Neolítico (Ruiz y López, 2005:383).

II. "Las Viñas" (El Puerto de Santa María, Cádiz)

• **Ubicación**

El yacimiento de La Viña se encuentra situado en un cerro natural de apenas 23 m.s.n.m., en terrenos de propiedad de la Base Naval de Rota, en el término municipal del Puerto de Santa María (Ruiz, 1986:99) (figura 4:16).

• **Historia de la investigación**

Durante el año 1984 se realizó la primera campaña de excavación. Debido al desmonte de terrenos cercanos al yacimiento el mismo equipo que estaba excavando el "Pago de Cantarranas" inició una campaña de urgencia en 1986. Se documentó un nivel Calcolítico a parte de otros de época tardorromana y árabe (Ruiz, 1986:99). El cerro Sur ofrece dos enterramientos en silos calcolíticos excavados uno en 1984 y otro en 1986, junto con una treintena de estructuras arqueológicas. En el Cerro Norte se localizó un primer nivel romano, documentándose una necrópolis tardorromana (15 tumbas). Bajo este nivel, apareció un nivel de margas donde se documentaron once silos; de estos, seis ofrecen material calcolítico, mientras que otros tres contienen restos materiales de época romana (reutilización). La totalidad de los silos es de forma acampanada y base recta (dimensiones entre 50 cm. y 1,35 m. para los diámetros de la boca; 1,10 y 2,10 para los diámetros de las bases y entre los 50 cm. y los 1,80 m. de potencia). Son ligeramente superiores a los silos de Cantarranas. Los silos forman pequeños conjuntos de tres o cuatro unidades próximas entre sí. Desgraciadamente la gran mayoría de ellos, han sido localizados en los perfiles realizados por las máquinas. Tan solo dos (ambos acampanados y calcolíticos), estaban comunicados entre sí. De los once silos, nueve han sido excavados en el cerro Norte (zona donde se centraron los trabajos), y sólo dos en el cerro Sur. Uno de ellos estaba ocupado por un enterramiento colectivo y con ajuar cerámico (Ruiz, 1986:99). La industria lítica y cerámica es correspondiente al período Calcolítico y ofrece en líneas generales las mismas características tipológicas al material de Cantarranas. Esta similitud, ofrecida también por las estructuras de silos, parece indicar que ambos yacimientos se encuentran en un mismo horizonte cultural, ya que, la distancia entre ellos no es muy elevada (Ruiz, 1986).

- **Estructuras funerarias y ajuar**

Uno de estos silos estaba ocupado por un enterramiento colectivo y con ajuar cerámico. Tan solo contenía una inhumación completa de un individuo en posición fetal, junto a fragmentos de cráneo correspondientes a otros dos (Ruiz, 1986).

4.4.2. Base Naval de Rota (El Puerto de Santa María)

- **Ubicación**

Está situado en terrenos de la Base Naval de Rota, pero en el término municipal del Puerto de Santa María, muy próximo a varios yacimientos del Puerto de Santa María del mismo tipo como el de "Cantarranas". Está ubicado en un cerro, con una extensión de 3000 m². y una altitud de 23 m. Por su cercanía al mar, se convierte en un punto estratégico para un asentamiento (Ruiz y Ruiz, 1987) (figura 4:17).

- **Historia de la investigación**

En los meses de julio a diciembre de 1984, se realizó una primera intervención debido al desmonte del cerro se localizaron y excavaron una decena de espacios de hábitat. La zona está ocupada por una necrópolis romana con 15 tumbas, donde aparecieron restos de cerámica y un ajuar con dos brazaletes, dos anillos y un pendiente. Esta excavación fue llevada a cabo por parte del arqueólogo provincial de Cádiz, Lorenzo Perdigones. Posteriormente en el mes de julio de 1986, se llevaron a cabo otra excavación de urgencia próxima a la zona. Esta excavación fue llevada a cabo por el mismo equipo que excavación de Cantarranas (Ruiz, 1986). También se excavaron un total de doce silos, destacando uno de ellos con un enterramiento, pero sin ajuar. Los silos están agrupados en pequeños conjuntos de tres o cuatro (Ruiz y Ruiz, 1987).

- **Estructuras funerarias y ajuar**

Se localizó en silo un primer enterramiento en posición fetal y varios huesos largos junto a éste con cronologías calcolíticas. Se le asocia materiales cerámicos y líticos (microlámina) y cerámica (platos de bordes almendrados) (Ruiz y Ruiz, 1987:9).

4.4.3. La Esparragosa (Chiclana de la Frontera)

- **Ubicación**

Es un asentamiento al aire libre situado en el extremo oriental de la Bahía de Cádiz, en plena campiña litoral. Se encuentra a escasos kilómetros del casco urbano de Chiclana de la Frontera (Pérez *et al.*, 2005).

Geológicamente se emplaza sobre un cerro, formado por un conjunto de arenas amarillas de época del Plioceno. Sobre ellas se documenta una gran cantidad de arenas rojizas asociadas y se localizaría una plataforma sobre el río Iro, con cotas entre 27 a 30 m.s.n.m. (Ramos, coord., 2008) (figura 4:18).

- **Historia de la investigación**

La Esparragosa es un yacimiento prehistórico formado por un auténtico campo de silos. José María Carrascal y Andrés Ciruela informaron al profesor José Ramos, de la Universidad de Cádiz, de la presencia en superficie de material arqueológico prehistórico, que había aflorado debido a las remociones de arenas producidas por una cantera próxima al yacimiento. Un equipo coordinado por José Ramos, Manuela Pérez y Vicente Castañeda realizó trabajos de excavación desde noviembre de 2002 hasta abril de 2003. Durante esta campaña, se excavaron 9 estructuras siliformes, destacando sus secciones acampanadas y cilíndricas y una estructura en la que se encontraba un enterramiento (Pérez *et al.*, 2005). En el año 2004, la arqueóloga Pilar Pineda Reina, a través de la empresa *Reshef, s.l.* realizó una nueva intervención arqueológica que permitió la excavación de 108 estructuras, entre las que destacan silos, fosos y basureros; la mayor parte de ellos corresponden a época Calcolítica, aunque 17 de ellas son del Neolítico Final (Pineda y Toboso, 2010).

Todas estas estructuras se encuentran estrechamente vinculadas al almacenamiento de bienes para la sociedad, mostrando sin duda una sociedad plenamente sedentaria y tribal (Pérez *et al.*, 2005). El material arqueológico documentado en la campaña de 2002, es propio de finales del IV milenio a.C., con una tipología cerámica compuesta por cuencos variados, ollas, fuentes carenadas, etc. Son cerámicas muy típicas de contextos históricos de sociedades tribales (Nocete, 1989; Pérez *et al.*, 2005). Entre la industria lítica destacan lascas internas, levallois y hojas, a diferencia de una escasez de núcleos. Se documentaron fragmentos de piedras de molinos y moletas así como de pulimentos (Pérez *et al.*, 2005). Se han realizado varios análisis de funcionalidad de la industria lítica, en concreto sobre hojas de láminas, dando como resultado que existen rastros de uso que denotan el empleo de los mismos en actividades como el escamado y fileteado, para ser usadas como *"cuchillos para pescado"*. Esto lleva a plantear la posibilidad de que algunos silos, se pudieron utilizar como estructuras de almacenamiento de pescado seco o salado. La Esparragosa es un poblado sedentario con una importante actividad agrícola y ganadera que se ve complementada por las prácticas cinegéticas. Aparte, su considerable proximidad al mar, posibilitó el desarrollo de diferentes tareas marítimas (Ramos, coord., 2008).

- **Estructuras funerarias y ajuar**

Además de estos 9 silos, en la campaña de 2002, se localizó un enterramiento en una estructura excavada en la marga terciaria. Esta estructura o fosa posee un diámetro mayor que el de los silos y permitió la documentación de un individuo en conexión anatómica y en posición flexionada. Lo más significativo fue la localización de hasta 477 *Ruditapes decussatus* (almejas) que cubrían todo el individuo (muchas de ellas aún cerradas) (Cantillo, 2012: 352). Fue posible su adscripción, a finales del IV milenio B.C., en base a dos dataciones por termoluminiscencia efectuadas sobre muestras cerámicas (Vijande, 2006; Ramos, coord., 2008: 344).

4.4.4. SET Parralejos (Vejer de la Frontera)

- **Ubicación**

El yacimiento de "SET Parralejos" se localiza en un cerro próximo a la localidad y dentro del término municipal de Vejer de la Frontera (Cádiz). Se ubica en la antigua zona de la laguna de La Janda y donde se pueden observar todos los espacios naturales que son delimitados por las cuencas de los ríos Barbate y Salado, así como la franja litoral (Villalpando y Montañés, 2009) (figura 4:19).

- **Historia de la investigación**

El hallazgo del sitio arqueológico se produjo en el año 2008, durante los trabajos de control de movimiento de tierras de la subestación eléctrica Parralejos. La dirección de la excavación de urgencia, fue llevada a cabo por Antonio Villalpando. Se excavaron 33 silos de un total de 58 con una tipología de sección cilíndrica, acampanada, pozos y "falsos silos o cubetas" (Villalpando y Montañés, 2009). Este tipo de yacimientos se asocia a una comunidad con un modo de vida sedentario y agropecuario. Se denominan como "campos de silos" y tienen una cronología de finales del Neolítico (IV milenio a.C.). Entre los materiales cerámicos encontrados, destacan los cuencos de cerámica (variados, de casquete esférico, semiesférico y escudillas), ollas (de paredes entrantes y de perfiles oblongos y globulares) y fuentes carenadas, muy homogéneas y propias de contextos del IV milenio a. C. La industria lítica tallada se caracteriza por su tipología laminar: perforadores, escotaduras, denticulados, láminas de dorso, buriles, foliáceos de punta de aleta y pedúnculo. Destaca la presencia de hachas, azuelas, moletas y molinos de mano (Villalpando y Montañés, 2009; Cuenca *et al.*, 2013). En relación a la fauna marina recogida cabe señalar la presencia de un número mínimo de 203 individuos marinos, con un mayor predominio de especies bivalvas, entre las que destaca *Ruditapes decussatus*. Entre este material hay al menos un ejemplar de *Zonaria pyrum*, en el que se observa una clara manipulación antrópica para ser usado como adorno (Cuenca *et al.*, 2013). Se realizaron diversas dataciones de C 14, que oscilan entre 3522 y 3014 cal a.C. (Villalpando y Montañés 2009).

- **Estructuras funerarias y ajuar**

En relación a las prácticas funerarias cabe señalar la documentación de restos humanos en 4 estructuras de silo, que se encontraron en sucesivas unidades estratigráficas. El silo más significativo es el 106, en el que se localizaron cinco individuos. La cifra total es de 11 individuos enterrados de manera secundaria, ya que los restos óseos no se encontraron conexión anatómica. No se documentó ningún elemento de ajuar (Villalpando y Montañés, 2009; Cuenca *et al.*, 2013).

4.4.5. El Trobal (Jerez de la Frontera)

- **Ubicación**

El yacimiento de El Trobal se encuentra muy cercano a la población de Nueva Jarilla y a unos 13 km. al Noreste de la localidad de Jerez de la Frontera, en la cercanía de la antigua llanura diluvial de Caulina. Se puede observar un amplio cerro, con una extensa cima, prácticamente llana, una zona por donde discurren los Arroyos de La Basurta y La Jarrilla que vierten sus aguas al Arroyo del Salado (González, 1987:80) (figura 4:20).

- **Historia de la investigación**

En 1984, la actividad industrial en la cantera dejó al descubierto una estructura, de tipo siliforme, con un enterramiento, del que sólo se pudo conservar parte de un cráneo y un ajuar formado por un cuchillo de cobre con muescas para el enmangue, algunos punzones de hueso y materiales cerámicos y líticos. Este material permitió encuadrarlo en un horizonte de Calcolítico Pleno. Debido a la apertura de nuevas zonas de trabajo en la cantera, en 1985, se descubrieron más de una decena de este tipo de estructuras. Esto obligó a la realización de la campaña de excavación con el fin de salvar el yacimiento entre 1985 y 1986 con personal del Servicio Municipal de Arqueología del Ayuntamiento de Jerez, coordinado por su directora, Dª. Rosalía González (González, 1987:82). Se localizaron y excavaron 40 estructuras siliformes con una tipología muy diversa, predominando las de perfil acampanado y planta circular. Sus diámetros de base oscilan entre 1 m. y 2 m., mientras que su potencia varía entre 0,50 m. y 1,50 m., aunque es difícil fijar la profundidad absoluta, ya que, muchas de estas estructuras habían sido afectadas en la parte superior por la maquinaria. Su distribución espacial-permite observar una cierta concentración por núcleos. Los rellenos son muy homogéneos y por su contenido dan a entender que son colmataciones intencionadas en un mismo momento. Están constituidos por tierra, pequeños carboncillos, restos de adobes y aglomeraciones de piedras calizas. Desde los primeros niveles aparecen materiales arqueológicos (González, 1987:82).

Toda la cerámica está realizada a mano y alisada, aunque algunas vasijas aparecen bruñidas: cazuelas carenadas, vasos de cuerpo esférico y paredes verticales, ollas globulares y platos. En cuanto a la industria lítica, en su mayoría, está realizada en sílex. Junto con las lascas de talla, las hojas y láminas de sección triangular y trapezoidal constituyen un grupo muy numeroso; también aparecen perforadores sobre lámina, raspadores, algún buril y tan sólo dos puntas de flecha, una de base cóncava y otra con un cierto desarrollo de las aletas. La industria en piedra pulimentada está representada por fragmentos de hachas, molinos y manos de moler, machacadores, bruñidores o alisadores, etc. (González, 1987:86).

- **Estructuras funerarias y ajuar**

De las cuarenta estructuras excavadas, solo cuatro contenían restos óseos humanos entremezclados con huesos de animales y numerosos materiales cerámicos y líticos. Estos silos no se encuentran agrupados en una sola zona y presentan diferencias tipológicas (González, 1987: 82). Tanto la estructura Z-1(1,70 m. de diámetro de base, 1 m. de profundidad y aproximadamente 0,50 m. de anchura de boca), como la estructura B, (una de las mayores dimensiones con 3 m. de ancho por 1,50 m. de altura) comparten la similitud de que los restos óseos aparecen en el fondo de la estructura, entremezclados con huesos de animales y materiales cerámicos y líticos. En cambio, la estructura X - 1 está constituida por dos silos de planta circular y comunicados entre sí por una boca de 0,70 m. de ancho. La altura se desconoce por el derrumbe de la pared en la parte superior. Se cree que son silos geminados ya que, no se cortan en ningún momento y por la homogeneidad de sus rellenos. Ambos contenían enterramientos. Sus alturas son distintas, pero las inhumaciones aparecieron a la misma cota (González, 1987: 82). X- 1 .A, es el silo más profundo y en él se registraron dos niveles de enterramiento: el primero formado por una gran concentración de huesos humanos sin conexión anatómica (entre los que hay fragmentos de cuatro cráneos); bajo esté y prácticamente sobre el suelo del silo, se depositó una inhumación casi completa (faltaban los miembros inferiores) en posición decúbito lateral. Junto al cráneo apareció un recipiente cerámico completo. Por todo el silo, se observaban restos de fauna, (destacando sobre todo mandíbulas). En el silo X- 1. B sólo se detectó un nivel de enterramiento, casi en la base, formado por un individuo incompleto, con algunos huesos en conexión anatómica y un amontonamiento de restos donde se localizaron huesos largos (González, 1987: 83). Otra estructura es la denominada LL, de forma abovedada y con unas dimensiones aproximadas de 2,10 m. de diámetro de base y 1 m. de potencia. La boca muestra indicios de haber estado sellada, ya que, se encontró una gran acumulación de piedras en un lateral. Esta es la más llamativa desde el punto de vista del ritual funerario, ya que, prácticamente en el nivel de base fueron depositados tres individuos, dos de ellos en posición fetal y otro con los miembros inferiores ligeramente flexionados. Los restos se encontraba en torno a las paredes del silo (a modo de circulo), mientras que en el centro de se documentó una importante acumulación de huesos de animales (suidos y ovicápridos). Junto a estos se encontraba una vasija cerámica entera, una piedra de molino barquiforme y

algunos útiles líticos. Esta deposición de los restos es una clara manifestación de intencionalidad (González, 1987: 84).

El Trobal, plantea numerosos problemas e interrogantes sobre la funcionalidad de este tipo de estructuras, con una clara finalidad de almacenamiento, que tras perder su función original, se utilizaron como lugares de desecho y ocasionalmente como sepulturas (González, 1987:87). Sus investigadores apuntan a una cronología que oscilaría en torno al tránsito IV -III milenio a.n.e y mediados del III milenio a.n.e. Esto viene corroborado por la similitud con otros yacimientos cercanos y similares como "Las Viñas- Cantarranas" o "Base Naval de Rota" en el Puerto de Santa María u otros como «Papa Uvas» (Aljaraque, Huelva) (final de Fase II y Fase III) o «Los Castillejos» (Montefrío, Granada) (Fase II e inicios de Fase III) (González, 1987:88).

4.4.6. Jardines del Tempul (Jerez de la Frontera)

- **Ubicación**

El yacimiento se localiza en el casco urbano de Jerez de la Frontera, en el exterior del Conjunto Histórico y en las cercanías del Parque Zoológico Alberto Durán. Se ubica entre las calles Taxdirt nº35 con fachada a la calle Zoilo Ruiz Mateos Camacho (Barrionuevo, 2006:2) (figura 4:21).

- **Historia de la investigación**

La zona de estudio se localiza en pleno casco urbano y por tanto ha sufrido ocupación durante toda la historia de la localidad. Esta intervención fue llevada a cabo debido a que se estaban realizando trabajos urbanísticos en la zona por D. Francisco Barrionuevo, arqueólogo municipal del Ayuntamiento de Jerez de la Frontera. Los antecedentes históricos de la zona eran conocidos debido a las evidencias de fosas de cultivo de época moderna y contemporánea; esto remite al uso continuado que ha tenido este espacio como zona agrícola hasta fechas relativamente recientes. En época islámica fue un espacio situado al exterior del recinto fortificado, aunque muy próximo a éste, por lo que no es de extrañar que existan evidencias de actividades productivas propias del entorno de la ciudad. El entorno investigado viene a unirse a otros documentados en una situación similar al Este de la antigua medina como son los del Arenal y Plaza Esteve. En este mismo sentido son interpretables las zanjas de canalización y acequias vinculadas a espacios de huertas próximos a la ciudad (Barrionuevo, 2006:19). Las evidencias romanas se mantienen en la línea de los hallazgos de esta época identificados en las proximidades y entorno del actual núcleo urbano. Ocupan una posición periférica con respecto a la ciudad por el Oeste, en el arco que forma la actual Carretera Nacional-IV, y en función posiblemente del paso de la Vía Augusta hacia Cádiz. Se trata de instalaciones alfareras de producción anfórica (Barrionuevo, 2006:19).

En las cronologías que ocupa este estudio, los restos estudiados pertenecen a la Edad del Cobre con 45 estructuras documentadas en el momento mejor representado. Hasta ahora las evidencias calcolíticas se limitaban al área intramuros, siempre muy afectadas por construcciones posteriores y limitadas a espacios reducidos. La escasez de hallazgos solo había permitido documentar fases avanzadas dentro de este periodo, Cobre Pleno o Cobre Final (Barrionuevo, 2006:20).

- **Estructuras funerarias y ajuar**

En la estructura de la Edad del Cobre, se han identificado dos esqueletos humanos y tres de suidos en conexión anatómica, además de numerosos huesos pertenecientes a cánidos y ovicápidros. Su planta es circular con sección ligeramente acampanada. Tiene un diámetro superior de 2,40 m. e inferior de 2,75 m., con 90 cm. de potencia; y en su base se ha detectado un agujero de poste central. Un primer análisis de la ubicación de los objetos y huesos aislados, así como de los esqueletos, no parece indicar una disposición excesivamente cuidada, a lo que hay que unir la ausencia de ajuares propiamente dichos. La primera impresión es que se trata de varios esqueletos amontonados y parcialmente superpuestos con el siguiente orden (Barrionuevo, 2006:17). El primero en depositarse parece haber sido el esqueleto de suido 500, que se encontraba prácticamente sobre el terreno natural, bajo el esqueleto humano 100. A continuación el esqueleto humano 200, el de suido 300 y el humano 100. El del suido 400 se encuentra al sur del esqueleto humano 200 sin que se haya podido observar ningún tipo de relación de superposición con el resto de los esqueletos. El esqueleto humano 100 se encontraba en decúbito supino, en posición extendida y parcialmente alterado. Su mandíbula aparece desplazada. El esqueleto humano 200 tiene una disposición algo más forzada, extendido aunque parcialmente inclinado, y en decúbito prono. Su tibia y peroné derechos aparecen también desplazados. Parte de las alteraciones que hemos mencionado parecen haberse producido en momentos muy próximos a las deposiciones, cuando todavía mantenían la conexión anatómica, y antes de estar cubiertas por tierra o simplemente bajo una capa no excesivamente gruesa. Podrían ser el resultado de remociones en el proceso de nuevas deposiciones o bien haber sido provocadas fortuitamente por acciones humanas o animales (Barrionuevo, 2006).

4.4.7. Alcázar de Jerez de la Frontera (Jerez de la Frontera)

- **Ubicación**

Se localiza en las proximidades del Palacio de Villavicencio, en el interior del Alcázar de Jerez. Esta edificación se localiza en el casco urbano de la ciudad de Jerez de la Frontera (González *et al.*, 2008) (figura 4:22).

- **Historia de la investigación**

El asentamiento prehistórico en esta zona ocupa las laderas medias que conforman el solar sobre el que se asienta la ciudad medieval. Los restos del Alcázar pertenecen a una excavación arqueológica realizada en el año 1991 dirigida por Dª. Consuelo Montes Machuca, con motivo de la rehabilitación integral del edificio del Palacio de Villavicencio, entre los años 1989 a 1992. Básicamente se han registrado estructuras de forma siliforme, excavadas en el terreno natural y rellenas con materiales cerámicos, líticos y óseos (González *et al.*, 2008).

- **Estructuras funerarias y ajuar**

Se trata de un silo, muy afectado por remociones posteriores, asociado a material cerámico y lítico de época calcolítica (González *et al.*, 2008).

4.4.8. C/ Zarza n°16 (Jerez de la Frontera)

- **Ubicación**

La calle Zarza se encuentra muy próxima al Alcázar de Jerez; por tanto se localiza en el casco urbano de la ciudad de Jerez de la Frontera (González *et al.*, 2008) (figura 4: 23).

- **Historia de la investigación**

Bajo la dirección de los arqueólogos de la Gerencia Municipal de Urbanismo, Dª. Carmen Pérez Pérez y D. Domingo Martin Mochales en el año 2006, se documentó un silo, bajo una medianera, con materiales del calcolítico final y restos óseos humanos (González *et al.*, 2008).

- **Estructuras funerarias y ajuar**

Tras su excavación se documentó solo una estructura siliforme, con varios materiales cerámicos de etapa calcolítica final. Junto a esto se documentaron dos agrupaciones de hueso (A y B) en un lateral de la estructura (González *et al.*, 2008).

4.4.9. Necrópolis de las Valderas (Arcos de la Frontera)

- **Ubicación**

El yacimiento de las Valderas se localiza en la campiña de la comarca de Arcos de la Frontera. Se accede a ella mediante un camino vecinal desde la población de Arcos de la Frontera, hacia la Sierra de Gibalbín (Jerez de la Frontera) (Lazarich *et al.*, 2001) (figura 4: 24).

- **Historia de la investigación**

Su descubrimiento se produjo a comienzos de los años ochenta debido a las obras de ensanche del citado camino; la excavación estuvo a cargo de un equipo del Museo Provincial de Cádiz. Tales actividades arqueológicas de urgencia pusieron al descubierto seis estructuras siliformes, a la vez que se recuperaron materiales procedentes de otras estructuras que habían sido destruidas por las máquinas antes de la intervención arqueológica. Se trataba de silos excavados en la roca arenisca, con una morfología acampanada, con unas dimensiones aproximadas entre los 4 m y 1 m de diámetro en su fondo. Se desconoce las dimensiones de la parte superior, ya que había sido totalmente arrasada por las máquinas. Los Silos I y II constituyen una estructura geminada al estar comunicados por el fondo. Sin embargo, los Silos III y IV son estructuras aisladas, aunque cercanas unas a otras; así ocurre con los Silos VI, VII y VIII (Lazarich *et al.,* 2001: 83). Los silos III, IV, VII y VIII solo contenían material cerámico, sobre todo restos amorfos correspondientes a recipientes cerámicos acompañados de un machacador manchado de óxido de hierro de color rojo intenso y fragmentos de galbos cerámicos; además de dos lascas, una lasca interna de sílex y una de semidescortezado en cuarcita (Lazarich *et al.,* 2001: 86). En estas estructuras se localizaron enterramientos colectivos con sus respectivos ajuares (Corzo, 1983: 12). Algunos de los objetos son de considerable importancia: las vasijas, dos azuelas de piedra, dos alabardas y láminas-cuchillos de sílex y un fragmento de hueso decorado (Lazarich *et al.,* 2001: 83).

- **Estructuras funerarias y ajuar**

En los silos geminados (I y II) se localizaron restos de al menos tres individuos. Además, esta estructura contenía: tres vasijas, una de ellas carenada y un fragmento de plato que conserva un mamelón al que se le realizaron cuatro perforaciones, junto con numerosos fragmentos; todos ellos se consideran como elementos de ajuar. También aparecieron dos grandes azuelas de dolerita talladas y pulimentadas, en el filo. Junto a ella se localizaban un puñal o alabarda tallada en sílex y un objeto de hueso, que tal vez formaba parte de su empuñadura. También se hallaron dos hojas-cuchillo, tres puntas de flecha de base cóncava y aletas poco marcadas en sílex y un fragmento de lámina de cristal de roca. También fue localizada en el entorno de este silo (superficie) una hoja-cuchillo que muestra en su extremo distal un raspador. Por otro lado, en el silo VI se encontraron restos humanos pertenecientes, al menos, a un individuo. Junto a él se localizaron dos hojas cuchillo, un fragmento de hojita, un puñal de sílex, un plato completo, un pequeño vasito y fragmentos amorfos. También se localizaron fragmentos de pellas de arcillas o adobe (Lazarich *et al.,* 2001: 83).

4.4.10. El Jadramil (Arcos de la Frontera)

- **Ubicación**

El yacimiento está ubicado en el término municipal de Arcos de la Frontera (Cádiz), a unos 5 km. de la propia localidad de Arcos de la Frontera y cercano a la sierra de Gibalbín. El cerro de El Jadramil, al igual que todo el núcleo de la Sierra de Gamaza, está formado por areniscas calcáreas. El poblamiento en la zona se caracteriza por ocupar pequeños cerros, con un buen control de visibilidad y una zona de poco aprovechamiento agrícola (Lazarich, 1999: 80) (figura 4:25).

- **Historia de la investigación**

Hacia primeros del siglo XX, M. Mancheño proporcionó las primeras noticias sobre este asentamiento, haciendo referencia a unos túmulos artificiales que contenían restos humanos. Posteriormente, a mediados de los años ochenta, apareció abundante material arqueológico (cerámicas e instrumentos líticos de sílex de época calcolítica, así como vasijas de época ibérica y romana) debido a una serie de obras cercanas al yacimiento. En 1991, se realizó un control de materiales en superficie, ya que la zona era utilizada como cantera de áridos. Debido al hallazgo de estructuras siliformes (algunas con enterramientos) se plantearon las excavaciones de urgencia. Estos primeros trabajos fueron realizados por los arqueólogos Francisco Alarcón y Carmen Blanes. Un año después, en 1992 continuaron las excavaciones, bajo la dirección de M. Molina Carrión y Lorenzo Perdigones en tres zonas: 1 y 2 donde se localizaron diversas estructuras subterráneas calcolíticas; y en la zona 3 se localizó una necrópolis tardorromana (6 sepulturas). Debido a la continua explotación de la cantera, se reanudaron las actividades arqueológicas de urgencia hallándose diversas estructuras que confirman la importancia de este asentamiento durante la Edad del Cobre (Lazarich, 1999: 82). En 1997, se llevó a cabo la última intervención de urgencia, poniendo al descubierto de nuevo enterramientos (8 sepulturas de incineración) de los siglos I-II d. C. (Lazarich, 1999: 82).

- **Estructuras funerarias y ajuar**

Este yacimiento tiene varias necrópolis de varias épocas (Prehistórica y Tardorromana). Debido al tema del presente trabajo solo se prestará atención a las referidas a la época Prehistórica. Fue durante la primera campaña (1991) cuando se localizaron tres estructuras siliformes que se encontraban en las cotas más elevadas del yacimiento, en el Frente de cantera B, y que fueron arrasadas por las máquinas de la cantera. Estaban muy destruidas por lo que solo se pudo comprobar que tenían una forma abovedada, con base plana y la boca a modo de pozo. A pesar de que solo se localizaran estas tres estructuras, los investigadores dudan sobre si fueran las únicas, ya que, gran parte del yacimiento había sido destruido por parte de la maquinaria (Lazarich, 2003: 139).

De los silos 1 y 2 solo quedaban los restos óseos humanos y diferentes ajuares. Del primero se recuperaron los restos óseos, aunque no se pudo documentar su posición; del ajuar se conserva dos azuelas pulimentadas, una hoja de cuchillo (fragmentada) y tres microlitos geométricos; del segundo se localizaron unos pocos restos óseos y de ajuar formado por un microlito geométrico, una punta de flecha (fracturada), dos lascas internas, una lasca de descortezado y varios fragmentos de cerámica bruñida y sin decorar (Lazarich, 2003:141-143). Solo el silo 3 pudo ser excavado en su totalidad; en él se localizaron tres individuos, algunos de ellos con una coloración rojiza por el posible uso de ocre. El primer sujete fue colocado en el lado Noroeste, con el cráneo hacia el Suroeste y en cúbito supino; poseía un ajuar compuesto por hojas-cuchillos con retoques de uso, trapecios y hachas y azuelas pulimentadas y algunas vasijas globulares. El segundo individuo apareció sin conexión anatómica, junto con un ajuar de hojas-cuchillos de sílex y algunos fragmentos de cerámica. Bajo ellos aparecía una capa de tierra cubriendo todo. Se depositó el tercer individuo en el lado opuesto a los anteriores (Suroeste), en posición fetal y sin ningún ajuar, solo con unas pocas esquirlas de sílex; sin embargo, dado que la zona había sido alterada por la maquinaria, no se descarta que se hubiera destruido. Finalmente se depositó un cuarto individuo, ligeramente más alto que el anterior, en el centro de la estructura. Según sus investigadores, entre estos dos últimos individuos se encontraba también una piedra de mediano tamaño, tal vez a modo de separación. Solo se conservaba una azuela pulimentada y una hoja-cuchillo de sílex, pero no se descarta que pudiera estar alterado como el anterior (Lazarich, 2003: 144).

Se trata de un asentamiento de gran importancia por su extensión y la presencia de diversas construcciones. Se podría considera a este asentamiento como un gran centro nuclear en la campiña de Arcos de la Frontera, con una ocupación desde al menos el Neolítico pleno-final, hasta momentos de La Edad del Bronce antiguo, periodo en el que se abandona, para no ser ocupado hasta época tardorromana, al menos como necrópolis (Lazarich, 1999:87).

4.5. Yacimientos con enterramientos en dolmen

Las estructuras megalíticas son manifestaciones de enterramiento que marcan un claro proceso de diferenciación social. Estas son realizadas por parte de todo el grupo al igual que los objetos que son entregados como ajuar a los difuntos, siendo en muchos casos, objetos de prestigio; a la vez muestran un control sobre todo el terreno y la propiedad (Ramos y Cantalejo, 2015). Los dólmenes son cámaras funerarias construidas por ortostatos (grandes bloques de piedra) y cubiertos por túmulos de tierra que ocultaban la estructura, a excepción de la entrada. No todos los individuos que participaban en su construcción eran enterrados en dicho lugar, siendo una minoría los que se entierran allí. El ritual de enterramiento es muy característico, ya que el ajuar destaca por la calidad de los accesorios personales, herramientas y objetos exóticos y de prestigio.

Todo esto podría indicar la pertenencia de los sujetos aquí enterrados a una élite social, diferenciada tanto en vida como en muerte del resto de individuos del grupo. Por tanto, los cambios socioeconómicos derivados del paso de sociedades cazadoras-recolectoras-pescadoras a las sociedades tribales neolíticas, también quedan reflejados en la concepción de la muerte por parte del grupo (Cámara *et al.,* 2010).

La investigación sobre la estructura social en base al estudio de las prácticas funerarias debe contrastarse con el análisis de los poblados (Lull y Picazo, 1989: 18), para poder confirmar si existían o no desigualdades sociales en el mundo de los vivos que serán reflejadas en la muerte (Vicent, 1995). El número de enterramientos dolménicos en la zona de la Campiña Litoral y Banda Atlántica de Cádiz, es muy puntual, a diferencia del total en la provincia de Cádiz. En la zona de estudio, solo se tiene constancia de dos estructuras dolménicas (figura 5): El Dolmen de Hidalgo (Sanlúcar de Barrameda) (Carriazo, 1975:327) y en el Cerro de Vasconcillas (Rota) (Paredes *et al.,*2010); mientras que en el interior de la provincia (Sierra) en las últimas décadas se han podido localizar y estudiar varios enterramientos dolménicos: Alberite (Villamartín) (Ramos y Giles (eds.), 1996), Alberite II (Villamartín) (Ramos y Giles, eds., 1996), Dolmen de El Juncal (Ubrique) (Gutiérrez, 2007), El Tomillo (Alcalá del Valle) (Martínez *et al.,* 1991), Dolmen de las Rosas (Villamartín) (Reinoso, 2012) entre otros (Moreno-Márquez, 2015:116).

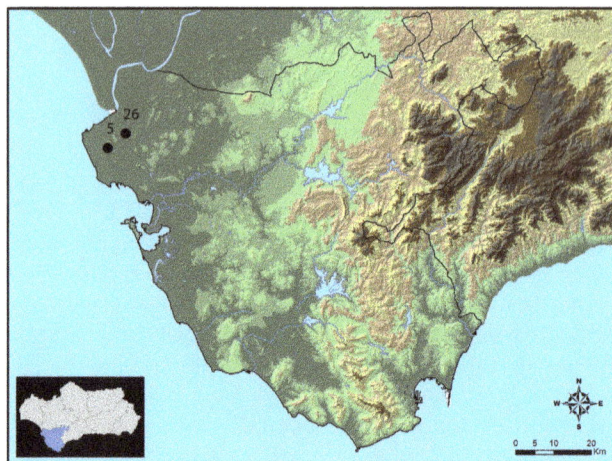

Figura 5. Localización de los yacimientos con enterramientos en dolmen: 5. Cerro de las Vasconcillas (Rota), 26. Dolmen del Hidalgo (Sanlúcar de Barrameda).

4.5.1. Dolmen de Hidalgo (Sanlúcar de Barrameda)

- **Ubicación**

Se encuentra en la colina del Agostado, en el cortijo del mismo nombre. Está a 7km. del término de Sanlúcar de Barrameda y a 8 km. de Chipiona (Carriazo, 1975:328) (figura 5:26).

- **Historia de la investigación**

Se tuvo constancia del yacimiento por el hallazgo y destrucción del mismo, debido a la excavación para la construcción de unos depósitos de agua. Aunque ya fue destruido en la antigüedad romana, como explica J. de M. Carriazo. El propio dueño del cortijo, Julio Hidalgo, fue quien alertó de la aparición de restos arqueológicos (Carriazo, 1975:327).

- **Estructuras funerarias y ajuar**

En este yacimiento se documentaron dos tipos de estructuras funerarias: un dolmen y varias fosas. Ambos fueron destruidos. Del dolmen solo se conservaban cuatro grandes piedras (2,20 x 1,55 x 0,25/0,30 m.) y una quinta piedra casi esférica. Entre el material cerámico recogido, destacaba la abundancia de los restos de época romana, por lo que se distinguieron dos momentos de ocupación: su construcción en época eneolítica y su destrucción en la época romana. Además del material cerámico, también se recuperó un peine de hueso de forma rectangular, con los ángulos redondeados y con un pequeño apéndice en el lado contrario a las púas; también se localizó un núcleo de cristal de roca con lascados paralelos, y varios fragmentos de cuchillos de sílex, de sección triangular (Carriazo, 1975). Junto al dolmen se documentaron unas fosas con restos óseos, sílex y cerámica. Desgraciadamente, el estado de estas estructuras estaban casi destruidas y solo se pudo recoger un poco de material cerámico, lítico y documentarse su hallazgo (Carriazo, 1975).

CAPÍTULO 5

MATERIALES Y METODOLOGÍA

5.1. Material óseo estudiado

De los veintitrés yacimientos existentes en la Campiña Litoral y Banda Atlántica con enterramientos de cronología prehistórica, no todos han aportado material óseo humano, o se desconoce su ubicación actual, por lo que no se ha podido analizar. Es la situación en la que se encuentran los siguientes yacimientos:

- Cueva del Alcántara (Jerez de la Frontera).
- Cueva de Buena Vista (Vejer de la Frontera).
- Dolmen de Hidalgo y fosas cercanas (Sanlúcar de Barrameda).
- Monte Berrueco (Vejer de la Frontera).

Por otra parte, hay yacimientos donde el material óseo ya ha sido estudiado por otros investigadores:

- Cueva de la Dehesilla (San José del Valle).
- Campo de Hockey (San Fernando).
- El Estanquillo (San Fernando).
- El Trobal (Jerez de la Frontera).
- Paraje de Monte Bajo (Alcalá de los Gazules).

Otros yacimientos, también disponen de un estudio del material óseo ya realizado por otros investigadores, pero en este caso, si se han revisado los restos óseos con el fin de realizar alguna apreciación sobre el material y enriquecer el estudio:

- El Retamar (Puerto Real).
- Loma del Puerco (Chiclana de la Frontera).
- Necrópolis las Valderas (Arcos de la Frontera).
- El Jadramil (Arcos de la Frontera).

Por último, la parte más importante del estudio y base de este estudio es el análisis de los restos óseos procedentes de los diferentes yacimientos que no han sido estudiados hasta el momento, y por tanto forman la parte novedosa e inédita. Estos restos servirán de base para argumentar el análisis de los diferentes rituales de enterramiento:

- La Esparragosa (Chiclana de la Frontera).
- Las Viñas- Cantarranas (El Puerto de Santa María).
- Base Naval de Rota (El Puerto de Santa María).
- Torre Melgarejo (Jerez de la Frontera).
- Cortijo de los Siles – La Carrizosa (Jerez de la Frontera).

- C/Castellanos nº3 y Plaza del Carmen nº4 (Jerez de la Frontera).
- Jardines del Tempul (Jerez de la Frontera).
- Alcázar de Jerez (Jerez de la Frontera).
- C/ Zarza nº16 (Jerez de la Frontera).
- Cerro de las Vasconcillas (Rota).
- Los Algarbes (Tarifa).
- SET Parralejos (Vejer de la Frontera).

La mayoría de los restos encontrados en estos yacimientos están incompletos y en un estado de conservación muy deficiente, por lo que ha resultado prácticamente imposible obtener datos antropométricos. En la figura 6 se muestra el estado de muchos de los huesos que se conserva en cada uno de los yacimientos.El número de enterramientos que se han estudiado no constituye una muestra representativa de cada grupo humano, pero si es la totalidad de los restos óseos recuperados de los diferentes yacimientos de esta cronología y de esta zona geográfica. Como ya se ha citado anteriormente, existen varios yacimientos que han sido ya estudiados o están en proceso de ello, por otros investigadores o equipos. No por ello se han omitido de este estudio, ya que su integración y conocimiento, ayudará a enriquecer este trabajo.

Figura 6. Estado del material óseo humano en algunos casos.

5.2. Metodología

5.2.1. Metodología para el estudio arqueológico

En primer lugar se realizó una inmersión y valoración de toda la documentación referida a los yacimientos objeto de estudio. Una parte muy importante y de gran aporte de información fueron los *Libros diarios de la excavación*. Se revisaron los Anuarios Arqueológicos de Andalucía, de diferentes años, para conocer las intervenciones y sus resultados, así como las diferentes publicaciones de estos. También se realizó un examen exhaustivo del estado actual de la cuestión de la Arqueología Funeraria y una revisión actualizada de las publicaciones especializadas de Antropología Física y Paleopatología. Hubo que profundizar en las diferentes publicaciones referidas a la provincia de Cádiz y sobre todo las que recogen temas generales de Prehistoria, y en concreto de la época neolítica y calcolítica en la zona, demostrando la escasa información disponible, a diferencia de otras épocas de la historia. Se tuvo que realizar una solicitud de Estudios de Materiales a la Delegación de Cultura, para poder estudiar los restos óseos humanos depositados en los museos arqueológicos de Jerez de la Frontera, del Puerto de Santa María y de Cádiz.

5.2.2. Metodología para el estudio antropológico

Con el fin de subsanar el error intra e inter observador se realizaron diversas repeticiones en la toma de medidas en días diferentes y se solicitó la ayuda de otras personas, expertas en el tema, con el fin de verificar las medidas tomadas y contrastar los datos. El análisis de estos materiales en general presentó una gran dificultad debido a la fragmentación y fragilidad de los restos óseos, causada tanto por la acción del medio ambiente en que han permanecido desde su deposición primera, como por otros agentes externos.

De forma general para el estudio antropológico se siguió las recomendaciones recogidas por Brothwell (1987), Reverte (1991), Buikstra y Ubelaker (1994) y Campillo y Subirá (2004).

5.2.2.1. Limpieza de los restos

Limpiar los restos es el primer paso a realizar para proceder al estudio antropológico. En este caso, se siguieron los consejos recogidos en los manuales de Brothwell (1987), Campillo y Subirá (2004) y Ubelaker (2007).

Se realizó una limpieza mecánica de los restos óseos con agua y un cepillo de cerdas suaves. Esta limpieza se llevó a cabo con el fin de poder eliminar restos de sedimento y concreciones, lo que ayudó a valorar variaciones epigenéticas, patológicas, marcadores músculo-esqueléticos o procesos tafonómicos. Tras la limpieza de los restos, se dejaron secar durante unas 24 horas aproximadamente, sobre papel secante y depositándolos en un lugar amplio y con buena ventilación, pero evitando la exposición directa al sol, ya que esto generaría daños irreparables en el hueso. La limpieza de los restos, se llevó a cabo siempre que los restos y las instalaciones donde se estudió el material lo permitía.

5.2.2.2. Clasificación de los restos y reconstrucción de partes fragmentadas

Después de tener los restos limpios y secos, se realizó un examen exhaustivo y una separación minuciosa entre los restos óseos de origen humano y de origen animal. Esta separación es imprescindible puesto que los restos estudiados proceden de excavaciones arqueológicas en las que la clasificación se realiza entre restos óseos, cerámica, etc…sin realizar una separación por naturaleza de los restos; por tanto

se encontraban mezclados. También es importante esta clasificación, ya que gracias a ella se puede conocer el tipo de fauna relacionada con los enterramientos de esta época, como se ha podido exponer y explicar en el tercer capítulo. Tras ser clasificados, se procedió a una identificación de todos los huesos, su ordenación por regiones anatómicas y su lateralidad, con el fin de poder calcular el número mínimo de individuos conservados. Para ello se recurrió a manuales como Bass (1995) o Campillo y Subirá (2004), junto con varios atlas anatómicos como White y Folkens (2005). Seguidamente se confeccionó un inventario para poder tener registrado todo el material existente para el estudio. Se realizó, en la medida de lo posible, una reconstrucción de los restos óseos fragmentados mediante el empleo de acetato de celulosa. Esta etapa de trabajo tan minuciosa tiene una doble finalidad: poder estudiar los restos y conservarlos. Al estar los huesos completos, se posibilitó la toma de medidas correctas, al igual que la observación de patologías, entre otros rasgos característicos de los huesos.

5.2.2.3. Grado de preservación de los individuos

Es de gran importancia para el estudio antropológico, el estado general de conservación de un esqueleto, ya que existe una estrecha relación entre obtener unos resultados favorables y la preservación del mayor número de restos óseos posibles. Por tanto, para este estudio, se siguió el "*Índice de Conservación del Esqueleto*". Este cálculo hay que tenerlo únicamente a modo de referencia, ya que todos los huesos tienen el mismo valor, tanto los huesos completos como los fragmentados (Campillo y Subirá, 2004):

$$(ICE)= \frac{N^o \text{ de huesos disponibles x 100}}{200}$$

Para facilitar su comprensión se utilizó una figura esquemática de un esqueleto, en el que se sombrearon los huesos, o parte de ellos, que se conservan de cada individuo. Esto, sin duda, es muy gráfico y sirve de ayuda para su comprensión general, ya que se puede tener constancia de los restos existentes, de una manera visual y rápida.

5.2.2.4. Número mínimo de individuos

Cuando nos encontramos ante el estudio de un enterramiento colectivo, como pueden ser los silos, fosas o inhumaciones secundarias como son los osarios, el principal problema que se presenta es determinar el número de individuos. Debido a que los restos óseos estudiados no se encuentran en posición anatómica y que están muy fragmentados, se agravó mucho este trabajo. Existen diferentes métodos para poder estimar el número mínimo de individuos (N.M.I.), estableciendo distintas categorías que consideran: tipo de hueso, lateralidad, grado de maduración, sexo y cualquier otra característica que pueda ser individualizadora. De este modo, el número de restos óseos más repetido ofrecerá el número mínimo de individuos (N.M.I.) representados.

5.2.2.5. Determinación del sexo

Tanto el cráneo como la pelvis son los mejores indicadores del sexo de un individuo, pero a su vez son los huesos que peor se conservan, y más aún si su procedencia es una excavación arqueológica (Campillo, 2001). Se ha estimado el sexo mediante diversas características morfológicas que presentan dimorfismo sexual:

- **Cráneo y mandíbula**: estos huesos muestran diversos aspectos morfológicos discriminantes: cresta nucal, apófisis mastoides, borde supraorbital, prominencia de la glabela, eminencia mentoniana e inclinación del ángulo goníaco. Para ello se eligieron los métodos de Acsádi y Nemeskéri (1970); Ferembach (et al., 1979); Ubelaker (1989) entre otros.
- **Pelvis**: es la región del esqueleto que mejor sirve para diferenciar el sexo, pero en restos procedentes de excavaciones arqueológicas sobre todo, es la que menos se localiza y conserva. Para ello se eligieron los métodos de Ubelaker (1989); Sutherland y Suchey (1991); Buikstra y Ubelaker (1994).
- **Métodos métricos**: en estos casos se recurrió a la toma de medidas del esqueleto poscraneal con el fin de establecer el sexo mediante funciones discriminantes (Alemán, 1997) o bien, al tamaño y robustez de los huesos largos, ya que el dimorfismo sexual en esta población entre hombres y mujeres es muy acusado. En muchas ocasiones, no se pudo determinar el sexo, dada la mala conservación de la muestra**Métodos odontométricos**: se tuvo que recurrir a este método debido a que en algún yacimiento, solo se han conservado los dientes. Estos son los restos más duros y por tanto, los que más se conservan en un contexto arqueológico. Se utilizó el método de Viciano (2012) de estimación del sexo para subadultos y adultosPor otro lado, para individuos en la etapa sub adulta el diagnóstico sexual resulta prácticamente imposible y muy poco fiable. En general, debido al mal estado de conservación o a la falta de varias regiones esqueléticas en muchos de los individuos, el diagnóstico sexual resultó muy difícil y en algunos casos imposible. De forma que estos individuos, de sexo indeterminable, aparecen en el estudio como alofisos.

5.2.2.6. Determinación de la edad

Los esqueletos antiguos, sobre todo los procedentes de contextos arqueológicos, suelen perder restos importantes que faciliten su estudio. Para la estimación de la edad siempre se debe tener presente el mayor número de métodos posibles que pueden ser aplicados a los huesos disponibles. Los criterios para el cálculo de la edad son distintos según la etapa vital en la que se encuentra un individuo.

- **Infantiles I** (0 – 6 años)
- **Infantiles II** (7- 12 años).
- **Juveniles** (13-20 años).

Según el desarrollo dental, con los métodos Schour y Massler, (1941); Ubelaker, (2007) y AlQahtani *et al.,* (2010); centro de osificación con las pautas de Schaefer *et al.,* (2009); las longitudes diafisarias, descritas por Scheuer y Black (2000); y la secuencia de la fusión epifisaria recogida por Brothwell (1987).

En individuos adultos, se consideraron los siguientes grupos:

- **Adultos** (21-40 años).
- **Maduros** (41-60años).
- **Seniles** (mayor de 60 años).

Para la estimación de la edad en estos últimos se suelen aplicar métodos basados en los cambios morfológicos, como los que se indican a continuación:

- Valoración de las sinostosis craneales y edades a las que se produce, definidos por Meindl y Lovejoy (1985).
- Fusión de las epífisis expuestas por Olivier (1960) y las series de Scheuer y Black (2000).
- Esquema del desarrollo dental elaborado por Ubelaker (Ubelaker, 2007:84).
- Patrón de desgaste dental, recogido en Brothwell, (1987) y pérdida de los dientes *ante mortem.*
- Presencia de enfermedades degenerativas óseas, características de la edad, recogido en Campillo (2001) e Isidro y Malgosa (2003).

Debido al mal estado de conservación de los restos, ya indicado, la estimación de la edad, en individuos adultos, se realizó básicamente en función del desgaste dental. Está claro que el desgaste está en relación con el grado de dureza de los alimentos consumidos, ya que un alimento más duro degastará mucho más los dientes, así como la utilización de la boca con uso de "*herramienta*". Todas estas acciones producirán considerablemente una mayor abrasión de los dientes, e incluso la rotura de los mismos (Campillo y Subirá, 2010).

5.2.2.7. Determinación de la talla

La estatura es un indicador sobre la salud de la población, ya que la nutrición es un factor fundamental que influye en el crecimiento se han conservado muy pocos huesos largos completos y, por tanto, no se pudieron tomar medidas para obtener un promedio de la estatura de la población. En los casos en los que se conservaban, se estimó, a partir de los distintos métodos, como el de: Pearson (1899), Trotter (1970) y Mendonça (2000).

5.2.2.8. Estudio antropométrico

Las medidas que fueron tomadas en los restos se extrajeron siguiendo las descripciones de Martín y Knussman (1988). Esto fue muy difícil debido a que la gran mayoría de los restos humanos se encuentran muy fragmentados o deteriorados. Para la toma de medidas se emplearon los siguientes instrumentos de precisión:

- Cinta métrica (toma de perímetros, todas las medidas en *mm.*).
- Calibre digital (tomas de diámetros, todas las medidas en *mm.*).
- Compás de espesor (toma de medidas craneales en *mm.*).

5.3. Metodología para el estudio paleopatológico

Se siguieron las obras de Capasso, Kennedy y Wilczak (1999), Campillo (2001) e Isidro y Malgosa (2003) que permitieron la aproximación al estudio de las diferentes patologías detectadas en los restos óseos del presente estudio.

La sistemática seguida fue la siguiente:

5.3.1. Descripción de las lesiones que afectan al hueso

Se procedió a una observación visual macroscópica, utilizando una lente de aumento para el estudio de posibles lesiones.

5.3.2. Lesiones pseudopatológicas y tafonómicas

Se siguieron las pautas expuestas por Campillo (2001), Botella *et al.,* (2000) e Isidro y Malgosa (2003). Es necesario observar con detenimiento estas lesiones en el hueso, ya que en muchas ocasiones se pueden confundir con alguna patología.

5.4. Metodología para el estudio paleoestomatológico

Los dientes son la única parte del esqueleto humano que se mantiene en contacto con el medio ambiente durante toda la vida del individuo y ofrece gran diversidad de información acerca de los hábitos alimentarios, culturales, patologías, etc. (Campillo, 2001). Para recabar toda esta valiosísima información, se siguieron las siguientes pautas, sugeridas por Chimenos *et al.,* (1992):

1. Identificación de los dientes, según la nomenclatura de la Federación Dental Internacional, dividiendo la cavidad bucal en cuadrantes.

2. Inspección macroscópica y con lupa de aumento.

Se elaboró una ficha para valorar las siguientes variables, según la definición de Brothwell (1987):

- Pérdida dentaria *ante mortem*.
- Caries: tipo y grado.
- Desgaste: tipo y grado.
- Cálculo dental.
- Hipoplasia del esmalte: grado.
- Periodontitis. Morfología y alteraciones del hueso alveolar.

5.5. Marcadores de estrés nutricional

Existen varios indicadores que están muy relacionados con el consumo de diferentes recursos alimentarios. Se han evaluado según la clasificación recogida por Brothwell (1987):

- Caries.
- Cálculo dental.
- Abscesos alveolares y pérdidas de piezas dentarias *ante mortem*: ambas están asociadas al efecto acumulativo de patologías dentarias.
- Hipoplasia del esmalte: alteración del esmalte dental causada por la interrupción temporal de su formación, debido a una gran variedad de factores: deficiencias dietéticas, estrés metabólico sistémico, enfermedades crónicas, etc…

5.6. Marcadores de actividad o marcadores de estrés ocupacional

Se tuvieron presentes los datos patológicos, aquellas modificaciones óseas como consecuencia de acciones repetidas habitualmente. Se recurrió a diversos atlas con el fin de poder determinar el tipo de marcador y su causa. Estos marcadores se analizaron según Capasso *et al.,* (1999):

- Detección de una inserción muscular acusada.

Para el análisis de los rasgos morfológicos, la obtención de datos métricos y el análisis de señales patológicas, se pidió la opinión de un segundo observador, experto en la materia antropológica, con el fin de confirmar los resultados. Todos los datos recogidos por los distintos puntos de esta metodología de estudio que se han descrito anteriormente han sido debidamente recogidos y desglosados al detalle en una hoja de registro de elaboración propia, a partir de las diferentes aportaciones de distintos autores.

5.7. Estudio paleodemográfico

Conocer la esperanza de vida de una determinada población es fundamental para entender y corroborar los datos del estudio antropológico con el análisis que pueda proporcionar la documentación histórica. La importancia de estos estudios, proporcionan conocimientos acerca de las condiciones de vida de un momento determinado y de unas comunidades antiguas a través de sus restos óseos. Para estos estudios, estos datos son muy importantes ya que, tanto la edad como el sexo tienen que estar muy bien definidos.

Estos estudios tienen una serie de riesgos como pone de manifiesto Ubelaker (1989), entre otros autores, ya que no se sabe si la muestra realmente refleja a toda la población y por tanto es probable que la muestra no sea significativa. Los riesgos mencionados son:

- La destrucción parcial del lugar de enterramiento o la localización y/o excavación incompleta del área total de enterramientos.
- La distribución de los enterramientos según edad, sexo o posición social.
- El estado de conservación de los restos óseos.
- Movimiento poblacional, ya que algunos individuos morirán fuera del lugar de hábitat.

Hay que tener en cuenta, y sumado a estas particularidades, que aunque la muestra no sea muy amplia, en ningún caso debe ser ignorada Este estudio paleodemográfico se realizó para cada una de las necrópolis, y posteriormente se hizo un análisis en conjunto, utilizando el método de tablas de vida, desarrollado por Ubelaker (1989). Estas tablas de vida muestran el comportamiento de las poblaciones en cuanto a su mortalidad, especificando en cada grupo cuantos individuos sobrevivieron a lo largo de los rangos de edad.

Capítulo 6

Resultados antropológicos

6.1. Sinopsis de resultados antropológicos

Se han estudiado un total de 16 yacimientos, en los que se han identificado 91 individuos. Con el fin de obtener una comprensión total de los resultados de la estimación del sexo y determinación de la edad, se han expuesto los resultados en las siguientes tablas (tabla 1).

Yacimiento	Sexo	Edad
El Retamar (Puerto Real)	Alofiso	Adulta (20-30 años)
	Mujer	Adulta (20-30 años)
	Masculino	Adulto (33-45 años)
	Alofiso	Infantil I (6 años ±24 meses)
El Jadramil (Arcos de la Frontera)	Alofiso	Adulto (33-45 años)
	Alofiso	Indeterminada
	Hombre	Adulto (20-30 años)
	Alofiso	Indeterminada
	Mujer	Adulto (20 -30 años)
	Alofiso	Indeterminado
	Hombre	Adulto (33 – 45 años)
Necrópolis Las Valderas (Arcos de la Frontera)	Mujer	Infantil II (10,5 años)
	Alofiso	Indeterminada
	Hombre	Juvenil (13-20 años)
	Hombre	Adulto (35-45 años)
	Hombre	Adulto (20-40 años)

	Hombre	Juvenil (17-25 años)
	Hombre	Juvenil (17-25 años)
	Alofiso	Indeterminada
	Alofiso	Infantil I (4,5 años)
	Hombre	Adulto (20-40 años)
	Mujer	Adulta (20-40 años)
Loma del Puerco	Hombre	Adulto (20-40 años)
(Chiclana de la Frontera)	Mujer	Adulta (20-40 años)
	Alofiso	Indeterminada
	Mujer	Adulta (21-30 años)
	Alofiso	Adulto (21-30 años)
	Alofiso	Adulto (21-30 años)
	Alofiso	Adulto (21-30 años)
	Alofiso	Adulto (21-30 años)
Alcázar de Jerez de la Frontera	Alofiso	Adulto (25-35 años)
(Jerez de la Frontera)	Mujer	Adulta (21-30 años)
	Mujer	Adulto (21-30 años)
C/ Zarza n°16	Mujer	Adulto (21-30 años)
(Jerez de la Frontera)	Mujer	Infantil I (6,5 años)

	Mujer	Adulto (21-30 años)
	Hombre	Adulto (21-30 años)
C/ Castellanos nº3 y Plaza del Carmen nº4 (Jerez de la Frontera)	Hombre	Adulto (21-30 años)
	Mujer	Adulto (21-30 años)
	Mujer	Adulto (21-30 años)
Jardines de Tempul C/ Taxdirt 35, C/ Zoilo Ruiz Mateos Camacho (Jerez de la Frontera)	Hombre	Adulto (21-30 años)
	Mujer	Adulta (33-45 años)
Cortijo de los Siles – La Carrizosa (Jerez de la Frontera)	Mujer	Madura (41- 50 años)
	Hombre	Adulto (25-35 años)
Torre Melgarejo (Jerez de la Frontera)	Alofiso	Infantil II (7 años±24meses)
	Hombre	Infantil II (7 años±24 meses)
	Hombre	Adulto (35- 45 años)
	Alofiso	Infantil II (8 años ±24 meses)
	Hombre	Infantil II (10 años)
	Alofiso	Adulto (35- 45 años)
	Alofiso	Juvenil (15 - 20 años)
	Alofiso	Juvenil (15 - 20 años)
	Alofiso	Juvenil (15 - 20 años)
	Alofiso	Juvenil (15 - 20 años)

	Alofiso	Juvenil (15 - 20 años)
Necrópolis Los Algarbes (Tarifa)	Hombre	Infantil I (5,5 y 6 años)
	Hombre	Adulto (21-30 años)
	Hombre	Adulto (21-30 años)
	Mujer	Adulta (21-30 años)
	Alofiso	Infantil I (5,5 años±24meses)
	Alofiso	Adulto (21-30 años)
	Mujer	Adulta (21-30 años)
	Alofiso	Adulto (21-30 años)
La Esparragosa (Chiclana de la Frontera)	Mujer	Adulta (21 – 30 años)
SET Parralejos (Vejer de la Frontera)	Mujer	Adulta (21-40 años)
	Hombre	Infantil II (8 años±24meses)
	Alofiso	Infantil II (8 años±24meses)
	Mujer	Infantil II (9 años±24meses)
	Mujer	Adulta (33-40 años)
	Alofiso	Infantil II(12años±30meses)
	Mujer	Infantil II(10años±24meses)
	Mujer	Juvenil (16-19 años)
	Mujer	Adulta (33-40 años)

	Hombre	Juvenil (15 años ± 36meses)
	Mujer	Adulta (21-40 años)
Las Viñas- Cantarranas (El Puerto de Santa María)	Mujer	Adulta (33-40 años)
	Alofiso	Indeterminada
	Alofiso	Indeterminada
	Alofiso	Indeterminada
Base Naval de Rota (El Puerto de Santa María)	Mujer	Adulta (33-40 años)
	Alofiso	Juvenil (16-19 años)
	Alofiso	Juvenil (16-19 años)
Cerro de las Vasconcillas (Rota)	Hombre	Adulto (40 - 50 años)
	Mujer	Adulta (40 - 50 años)
	Mujer	Adulta (40 – 50 años)
	Alofiso	Infantil II(10,5años ±24meses)
	Alofiso	Infantil I (5,5 años±24meses)
	Mujer	Adulta (30-35 años)
	Mujer	Adulta (30-35 años)
	Hombre	Adulto (21 -40 años)
	Mujer	Adulta (30-40 años)

Tabla 1. Cómputo general de resultados antropológicos: sexo/edad según yacimiento.

Como se puede observar en la tabla 1 la mayor presencia de individuos, respecto a la edad es de adultos (53) a diferencia del sub- adultos (29). Respecto al sexo, destaca la presencia de más individuos de sexo femenino (32) que masculinos (24). Hay que tener en cuenta, el alto número de individuos alofisos (35), desglosado entre los que se desconoce el sexo (26) o la edad (9).

6.2. Variabilidad de talla

Dado el mal estado de conservación de los restos óseos, solo unos pocos huesos largos han permitido la toma de medidas para estimar la estatura de los individuos estudiados. Debido al escaso número de resultados obtenidos, no se pudieron interpretar estos datos como concluyentes ni generales.

6.3. Alteraciones de la salud

La Paleopatología, es una disciplina científica que estudia las evidencias que deja la enfermedad en los restos óseos de épocas pasadas, pero no todas las enfermedades dejan huella en el esqueleto. Esto es debido a que para que haya evidencia en los huesos, es necesario que ciertas enfermedades se hayan desarrollado durante un largo periodo de tiempo; por tanto el conocimiento de los estados de salud de una población, a través de los restos óseos, es reducido. Solo hay una excepción y es si esa patología procede de un traumatismo, ya que la alteración en el hueso se realiza de manera instantánea (Orther, 2003). En estos casos, se puede observar una destrucción (disminuyendo el tamaño) o una creación de tejido nuevo (aumentando el tamaño). La identificación de las lesiones se puede realizar de manera macroscópica y se suele reconocer por la anomalía que presenta el hueso (callo, deformación, etc.). En muchas ocasiones se requiere de un estudio radiológico, el cual permitirá precisar el diagnóstico y delimitar el área de la lesión. En este trabajo, se han clasificado las patologías identificadas en diferentes apartados, según su etiología. Estos marcadores ayudan a aproximar sobre una o varias actividades que realizó el individuo durante su vida, aunque es orientativo, ya que para diferentes actividades se pueden utilizar los mismos músculos. En estrecha relación con estas marcas, se encuentran las patologías osteoarticulares, las cuales son reflejo de la repetición de un esfuerzo físico acusado. Todas las articulaciones son susceptibles a sufrir artrosis, enfermedad que será más acusada cuanto mayor sea la edad del individuo (Campillo, 2001). Las evidencias de origen traumático también pueden ayudar a conocer sobre las funciones laborales y sociales de la población, ya que los traumatismos pueden ser originados de forma fortuita o de manera intencionada (violenta).

6.3.1. Entesopatías

Se localizan en las zonas de las inserciones músculo-tendinosas, mostrando unas marcas o improntas en el hueso a causa de una actividad física repetida. Determinarlas no es una tarea fácil, ya que el origen

puede ser variado. Una vez reconocidas, pueden llegar a aproximar sobre las funciones laborales y/o sociales que ejercieron los individuos en vida.

6.3.2. Artropatías

Son alteraciones que afectan a las articulaciones, con un origen muy variado: degenerativo, inflamatorio, traumático, entre otros. Su identificación se observa directamente en las articulaciones. Es más frecuente en individuos de edades avanzadas, aunque no por ello son inexistentes entre la población más joven. Se puede considerar que la artrosis es una enfermedad degenerativa crónica, que causa el deterioro de la superficie articular, favorecida en muchos casos por la sobrecarga física, que va aumentando en relación a la edad (Campillo, 2001). En los restos procedentes de un contexto arqueológico, muchas de las superficies articulares pueden estar afectadas por el deterioro *post mortem*.

6.3.2.1. Artrosis temporomandibular (ATM)

Esta lesión puede estar causada por una malformación, un traumatismo o artritis, entre otros. La articulación se ve alterada por procesos degenerativos causando artrosis, que se ve agudizada, como ya se ha comentado anteriormente por la edad del individuo (Other, 2003:). Esta lesión solo se ha podido constatar en una mujer de edad adulta/madura (40 – 50 años) (individuo 2 de la cueva artificial del Cerro de las Vasconcillas) (figura 7). La reducida muestra de individuos adultos/maduros, junto con el deterioro tafonómico de los cóndilos mandibulares y de las cavidades articulares del temporal, limitan su valoración.

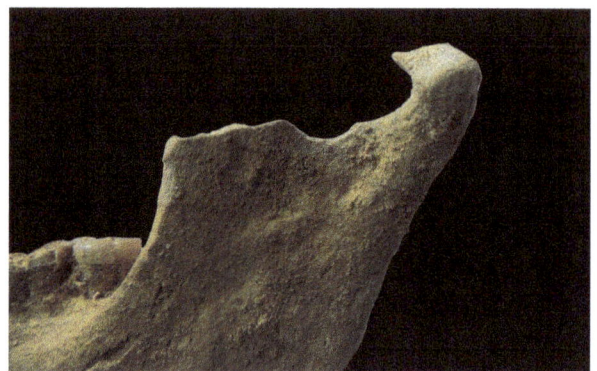

Figura 7. Cóndilo de mandíbula con ATM.

6.3.3. Patología traumática

Los huesos, ante un traumatismo con o sin fractura, suelen reaccionar creando una superficie ósea cicatricial. Este tipo de lesiones se suelen localizar de manera macroscópica, aunque en ocasiones se puede realizar una radiografía para delimitar con mayor precisión algunos diagnósticos. La localización de las lesiones traumáticas ayuda a conocer su origen: en el cráneo suelen estar relacionadas con caídas o golpes; en los huesos largos superiores con caídas fortuitas o violentas; y en los metatarsianos, sobre todo con grandes esfuerzos o largas caminatas (Anguita *et al.,* 2011). La presencia de un callo en el hueso es indicador de una regeneración en el área de la lesión, evidenciando la supervivencia del individuo tras la fractura; en cambio si esta fractura no muestra una reparación, será indicador de que se produjo en torno al fallecimiento (*perimortem*). En la muestra que se ha estudiado solo se han podido confirmar varios casos de traumatismos en los restos óseos. Las únicas marcas de esta patología se han dado en miembros de las extremidades superiores.

6.3.3.1. Extremidades superiores

El individuo 9 (mujer adulta) del yacimiento de SET Parralejos (Vejer de la Frontera) se observa un engrosamiento en la cresta del cúbito derecho, provocado posiblemente por un golpe, pero que no llegó a fracturar el hueso, y generó un engrosamiento en el tercio proximal En el individuo 3 (hombre adulto) del yacimiento de Los Agarbes (Tarifa) se ha identificado una fractura en una falange distal. Generalmente este tipo de fracturas se relaciona como consecuencia de un fuerte golpe, generando una rotura. En este caso, su regeneración propició una forma irregular.

6.3.4. Paleopatología dental

Los dientes son en ocasiones los únicos restos que se llegan a conservar de un individuo y por ello, la única fuente de información para el estudio de una población.

6.3.4.1. Desgaste

Es la abrasión que afecta al diente. Hay que diferenciar entre:

- Atrición que hace referencia al desgaste de la cara oclusal, provocado por el rozamiento continuado de dos superficies (Campillo, 2001).

- Erosión, que define las abrasiones que tienen un origen de tipo físico o químico (Campillo, 2001).

Basarse en el desgaste para estimar la edad no es muy fiable, pero ante una muestra en tan mal estado de conservación, donde lo que predomina es el cómputo de dientes, se ha recurrido a los niveles de desgaste para hacer una aproximación de la edad. Se ha utilizado para su clasificación el esquema propuesto por Broca (1875), que divide el desgaste dental en cinco grados: (0) si no presenta nada de desgaste, (1) si el desgaste está solo a nivel de esmalte, (2) si comienzan a aparecer islas de dentina, (3) si las islas de dentina se unen y (4) si el desgaste es tan intenso que la corona desaparece. En este caso, y atendiendo a los grados citados anteriormente, se ha clasificado a los adultos en distintos grupos de edad: entre 21 y 30 años si tienen niveles de desgaste entre 1 y

2; entre 25 y 35 años presentan un desgaste entre los niveles 2 y 3; y adultos-maduros de entre 30 y 40 años si presentan desgaste del nivel 3 y 4. Tras este análisis se encuentra en casi todos los dientes un desgaste considerable que en muchos casos llega a la dentina, sobre todo en los 1° molares, siendo esto lo que ha permitido deducir la edad. Hay presencia de diferentes grados de desgaste en casi todos los dientes, destacando sobre todo los casos donde el diente ha sido completamente destruido llegando incluso a la dentina, como se muestra en los ejemplos de: el individuo 6 del yacimiento de SET Parralejos o en el Individuo 1 (Jardines de Tempul).

6.3.4.2. Patología infecciosa

6.3.4.2.1. Sarro

Se puede definir como "*la mineralización de la placa bacteriana, compuesta por una capa pegajosa de glucoproteínas, partículas de comida y microorganismos vivos y muertos*" (Krenzer, 2006). El cálculo dental o sarro es debido a la acumulación de sales calcáreas, que forma una placa bacteriana en el diente. Su origen se debe a dietas ricas en proteínas y almidón (cereales), junto con una nula higiene dental (Campillo, 2001: 340). La presencia de sarro en individuos de poblaciones antiguas es frecuente, pero en muchas ocasiones su documentación es muy difícil ya que el material ha sufrido un proceso tafonómico que ha impedido que esa información llegue hasta nuestros días. Se ha dado presencia de sarro en menor o mayor medida en la gran mayoría de los individuos estudiados, 61 de 91. No obstante, llama la atención el completo cubrimiento de esta placa sobre un molar superior de un individuo masculino adulto, del yacimiento de Los Algarbes (individuo 3) (Tarifa).

6.3.4.2.2. Caries

Tiene una estrecha relación con la dieta y la higiene bucal. Las caries afectan primeramente al esmalte y una vez perforado, progresa hasta llegar a la cavidad pulpar. En casos extremos puede llegar a eliminar incluso la raíz. La frecuencia de caries en una población se ve incrementada por la edad de los individuos y suelen estar asociadas a enfermedad periodontal (Campillo, 2001: 330). En nuestra muestra, se documenta en varios individuos.

6.3.4.2.3. Pérdidas *ante mortem*

Tras la pérdida de uno o varios dientes en vida, el alveolo se cierra. Estas pérdidas *ante mortem* se deducen estudiando el alveolo de dicho diente, en el que se observa una reabsorción ósea (Campillo, 2001: 330). Se muestran en tres individuos con pérdidas *ante-mortem*.

6.3.4.2.4. Abscesos

Está causado por una infección acusada que da

lugar a los denominados flemones dentarios que provocaban, la casi inevitable pérdida del diente, creando la destrucción de la pared alveolar. Suelen darse más incidencias en individuos con presencia de caries y/o periodontitis (Campillo, 2001). A partir del surgimiento de un flemón (pus) y tras la formación del absceso, este se drena (destruyendo el hueso) y generará un orificio fistuloso. Solo se observó en un individuo de toda la muestra en una mujer madura del yacimiento Cortijo de los Siles – La Carrizosa (Jerez de la Frontera), en el alveolo del I2 superior izquierdo.

6.3.4.2.5. Enfermedad periodontal

Se origina como consecuencia de la penetración de los gérmenes a través de la línea amelocementaria. Inicialmente da lugar a una gingivitis; si ésta persiste, rebasa el epitelio de la inserción afectando al hueso alveolar y al soporte del diente, provocando lentamente que se reabsorba el hueso afectado, dando lugar a una mayor separación entre el borde alveolar y el cuello del diente (≥3mm) (Campillo, 2001: 332 - 333). La higiene oral, el tipo de dieta, al igual que pueden favorecer la formación de sarro, son causantes de la periodontitis.

6.3.4.2.6. Hipoplasia del esmalte

Las bandas de hipoplasia son unas alteraciones que se muestran en forma de línea en la formación del esmalte dental, producidas durante el desarrollo del diente. Posiblemente pueden estar en relación con un episodio de estrés metabólico sistemático, carencia de vitamina A, D y calcio, anomalías cromosómicas, enfermedades congénitas, deficiencias nutricionales o enfermedades infecciosas (Goodman y Rose, 1990). Se ha estimado la edad de formación del episodio hipoplásico en la dentición permanente (Trancho y Robledo, 2000). La formación de los episodios hipoplásicos en los dientes se dan entre los 2 y 3 años. Hay que tener en cuenta que tres de los cinco individuos que tienen esta patología son del mismo yacimiento.

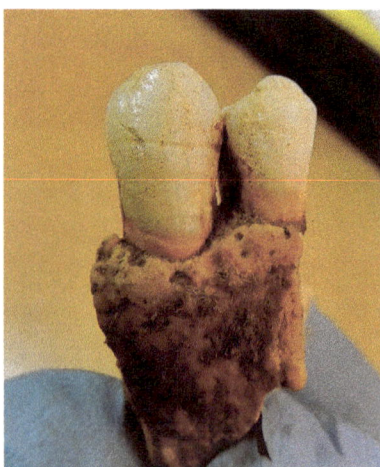

Figura 8. Muestra de diente con bandas de Hipoplasia.

6.4. Marcas tafonómicas

Durante el estudio de restos óseos humanos, puede ocurrir que se observen anomalías que parezcan generadas por procesos patológicos, pero que realmente son originadas por agentes externos. Algunas de estas alteraciones son fáciles de diferenciar, pero otras plantean serias dificultades y un examen superficial puede llevar a tomar conclusiones erróneas. La acidez del terreno (pH) puede originar descalcificación, con alteraciones que pueden parecer lesiones patológicas. Junto a esto las raíces también se constituyen como enemigos naturales de los restos humanos (Campillo, 2001). Los animales son otros agentes que suelen remover los enterramientos o devorar los individuos sin enterrar. Son típicos los surcos estriados en forma de haces paralelos dejados por los dientes de los roedores u otros carroñeros. Estas lesiones no deben confundirse con otras de carácter póstumo ritual, como son las del descarnamiento o las estrías por efectos tafonómicos (Botella, *et al.*, 2000; Campillo, 2001). En la muestra estudiada se han observado marcas tafonómicas en casi todos los restos óseos, independientemente del yacimiento. Esto es debido sobre todo, a la acidez de la tierra, la vegetación o la acción de animales. Se puede observar por ejemplo una gran incisión en un fragmento de fémur procedente del yacimiento de Torre Melgarejo (Jerez de la Frontera).

6.5. Anotaciones finales

Tras los análisis llevados a cabo podemos afirmar que, la aplicación de métodos y técnicas antropológicas a los restos arqueológicos de carácter óseo, puede aportar un amplio abanico de información biológica, tanto de un individuo como de un grupo poblacional. Como se observa en los resultados, la mayor parte de los individuos son de edad adulta-madura: respecto al sexo, se documentan más mujeres que hombres. Frente a estos datos, no se puede perder de vista el alto número de individuos de los que se desconoce el sexo, la edad o ambos datos. Esto es debido a su deficiente estado de conservación, lo cual, no ha facilitado la obtención de esta información con los métodos empleados. Los datos obtenidos, no son del todo concluyentes. Debido a que los restos, no pertenecen a una sola necrópolis no se puede hablar de datos demográficos, ya que cada enterramiento y por tanto sus individuos, corresponden a una época concreta, dentro de la Prehistoria reciente y a un área geográfica específica, dentro de la Campiña Litoral y Banda Atlántica de Cádiz. Por el momento, el estudio poblacional a través de los restos óseos, es un tema que queda abierto a la espera de nuevas propuestas y sobre todo a la aplicación de nuevas técnicas (C14, ADN, etc.) que aporten nuevos datos hasta ahora desconocidos.

CAPÍTULO 7

OSTEOARQUEOLOGÍA Y RITUAL DE ENTERRAMIENTO

La Arqueología tiene como principal objetivo reconstruir las sociedades pasadas y sus modos de vida, a partir del registro material que ha llegado hasta nuestros días. Poco a poco, diferentes ciencias han nutrido a estas investigaciones arqueológicas. Este es el caso de la especialidad de la Antropología Física, la cual, es una disciplina que estudia los restos óseos humanos que proceden de contextos arqueológicos (Thillaud, 1996: 19; De Miguel, 2010:136). La metodología de estudio se basa fundamentalmente en la identificación de los restos óseos y de toda la información que estos pueden aportar, como el Número Mínimo de Individuos (NMI), el sexo, la edad, la talla; y sobre los estados de salud, a través del estudio paleopatológico (Armelagos, 1998: 29; Safont, 2003; De Miguel, 2010:136). El cruce de información biológica (sexo, edad, estatura o patología) y el estudio de las diferentes estructuras de enterramiento y su contenido (cultura material) procedente de la excavación arqueológica, pueden arrojar luz sobre aspectos poblacionales, como su estructura social o su ideología. Todo ello ayuda a reconstruir los fenómenos sociales, económicos y culturales que están detrás de cualquier tipo de estructuras funerarias (monumentos megalíticos, cuevas naturales o artificiales, enterramientos en cistas, silos fosas, pozos) (Castro *et al.*, 1995).

Una de las mayores problemáticas y carencias a la hora de abordar el estudio del mundo funerario en los yacimientos de la Campiña Litoral y Banda Atlántica de Cádiz, es la ausencia de dataciones absolutas radiocarbónicas, que garanticen la cronología de estas necrópolis. En cierta medida esto imposibilita conocer con total seguridad los cambios en la Prehistoria, ya que no existe una correcta contextualización cronológica (Cámara, 2002; Vijande, 2010; Cámara, 2012). En la mayoría de los yacimientos, la datación se debe más al encuadre cronológico que pueden ofrecer los diferentes materiales arqueológicos documentados en ellos, siendo sólo estos datos relativos y aproximativos.

Este capítulo tiene como fundamento integrar los datos obtenidos a través del estudio antropológico con la información arqueológica que se tiene de cada yacimiento, teniendo en cuenta el tipo de estructura de enterramiento y las características del ritual destinadas a cada individuo, con el objetivo de establecer si existe un tratamiento funerario distinto que esté relacionado con el sexo, la edad u otras características biológicas.

7.1. Enterramientos en cueva

Tradicionalmente, se ha considerado que los enterramientos en cueva se desarrollan desde el inicio del Neolítico, teniendo éstas una funcionalidad tanto habitacional como sepulcral (Acosta y Pellicer, 1990; Acosta, 1995: 40). Esta afirmación se debe al desconocimiento de los asentamientos al aire libre con cronologías tan antiguas.

7.1.1. Enterramientos en cueva natural

Desde el Neolítico Antiguo (VI milenio a.n.e.) se han documentado en nuestra zona de estudio eeste tipo de enterramientos. En ellos no se observa una clara delimitación entre la zona de hábitat y de enterramiento, y esto es debido, a que los grupos humanos tienen aún un fuerte carácter tribal y nómada, que irá cambiando con el paso del tiempo. Se localizan tanto enterramientos individuales como colectivos y con un ajuar modesto, cerámicas e industria lítica, sobre todo, estando en estrecha relación con las actividades socioeconómicas del grupo (Acosta y Pellicer, 1990; Acosta, 1995: 40). La cueva de la Dehesilla es un lugar de enterramiento en una estructura natural y con unas cronologías del Neolítico antiguo, el cual muestra una diferenciación en el enterramiento entre individuos adultos, que están delimitados por piedras; mientras que los subadultos, son de tipo colectivo y más somero, junto a ajuares más modestos (Acosta y Pellicer, 1990; Acosta, 1995: 40).

7.1.2. Enterramientos en cueva artificial

Son estructuras excavadas en la roca. Por lo general, con enterramientos de tipo colectivo, con unas cronologías entre el III milenio y el II milenio a.n.e. Estas estructuras son utilizadas de manera diacrónica; por ello se localizan los restos removidos, ya que los restos del primer difunto se desplazan al fondo de la estructura, para dejar hueco al nuevo enterramiento y se podrían corresponder a "panteones familiares". Esto sólo se podría confirmar mediante ADN, pero si se puede defender tras el estudio de los restos óseos, ya que, se encontraron individuos de ambos sexos y de diferentes edades (Castañeda *et al.*, 2014). En nuestra área de estudio, se localizan los yacimientos de Paraje de Monte Bajo (Alcalá de los Gazules), Cueva de Alcántara (Jerez de la Frontera), Torre Melgarejo (Jerez de la Frontera), Cerro de las Vasconcillas (Rota), la necrópolis de Los Algarbes (Tarifa) y Cueva de Buenavista (Vejer de la Frontera) (Moreno-Márquez, 2015). De los yacimientos con enterramientos en cueva artificial, se puede inferir una serie de características. Se han estudiado un total de veinte cuatro individuos repartidos entre cuatro yacimientos, de los que hay que destacar que once son adultos (cuatro mujeres, cuatro hombres y tres alofisos) y trece subadultos (diez alofisos y tres hombres).

Respecto al ajuar encontrado en este tipo de enterramientos, hay que reseñar que, en su gran mayoría, es de prestigio y de grupos poblacionales con una situación económica y social elevada. Se trata sobre todo de elementos personales de adorno, junto con elementos de prestigio. También se suelen localizar enterramientos intencionales de animales en estas estructuras, como cánidos.

7.2. Enterramientos en fosa

Se localizan tanto inhumaciones individuales como colectivas. La tipología de las fosas es variada y va desde los enterramientos más sencillos en fosas simples a tumbas con una mayor monumentalidad, donde la fosa es delimitada, de manera completa o parcial por lajas. Estas estructuras son más elaboradas y señalan una clara jerarquización en estas sociedades. Esta casuística se da en el yacimiento de Campo de Hockey, en San Fernando. Existe una clara relación entre monumentalidad de la tumba y presencia de un ajuar de prestigio en la sepultura, bien sean productos exóticos o elaborados sobre materias primas alóctonas, o bien tuviesen un carácter de prestigio debido a su consideración ideológica y social. Esto sería reflejo de una serie de desigualdades sociales entre los individuos enterrados (Domínguez-Bella *et al.*, 2008).

En esta área de estudio, existen una serie de yacimientos de diferentes cronologías y localización geográfica, con enterramientos en fosa, como son El Retamar (Puerto Real), Campo de Hockey (San Fernando), El Estanquillo (San Fernando), La Loma del Puerco (Chiclana de la Frontera), Monte Berrueco (Medina Sidonia), Carretera N-IV (Jerez de la Frontera), C/ Castellanos n° 3 y Plaza del Carmen, n° 4 (Jerez de la Frontera) (Moreno-Márquez, 2015).

Se han estudiado un total de veinticinco individuos repartidos entre cuatro yacimientos. De ellos hay que destacar que diecinueve son adultos (ocho mujeres, seis hombres y cinco alofisos) y seis subadultos (cuatro alofisos y dos hombres). Tras conocer los datos biológicos de los restos óseos, se observa que en diversos yacimientos donde se han documentado enterramientos colectivos, hay restos de un hombre y una mujer de edad adulta, como se observa en varias tumbas de Carretera N-IV y C/ Castellanos n° 3 y Plaza del Carmen, n° 4. Esto puede reafirmar la corriente que sugiere que estos enterramientos están formados por individuos con un cierto parentesco. El ajuar localizado es muy variado, ya que hay productos de uso cotidiano y/o adornos personales, característicos de estas poblaciones; pero también materiales u objetos exóticos, que muestran el poder económico y social del individuo al que pertenecía.

7.3. Enterramientos en silo

Estos yacimientos en estructura de almacenaje se asocian a comunidades de modo de vida sedentario y agropecuario y se adjudican a la segunda mitad del V milenio y la primera mitad del IV a.n.e. Cuando algunas de estas estructuras pierden su función original son reutilizadas con enterramientos. En nuestra área de estudio, se localizan los yacimientos de El Jadramil (Arcos de la Frontera), Necrópolis de Las Valderas (Arcos de la Frontera), La Esparragosa (Chiclana de la Frontera), Alcázar de Jerez de la Frontera (Jerez de la Frontera), C/ Zarza n° 16 (Jerez de la Frontera), Jardines de Tempul (Jerez de la Frontera), El Trobal (Jerez de la Frontera), Las Viñas-Cantarranas (Puerto de Santa María), Base Naval de Rota (Puerto de Santa María) y SET Parralejos (Vejer de la Frontera) (Moreno-Márquez, 2015). Se han estudiado un total de treinta y ocho individuos, repartidos en nueve yacimientos con enterramientos en silo; de ellos hay que destacar que diecinueve son adultos (doce mujeres, cinco hombres y dos de sexo alofiso) y doce subadultos (cinco podrían ser niñas, tres niños y cuatro alofisos).

Las sepulturas están compuestas por restos de hombres y mujeres de diferentes edades. Destaca el alto número de individuos en los yacimientos de SET Parralejos (once) y El Jadramil (siete) a diferencia de la presencia de solo un individuo en el yacimiento de La Esparragosa. Se observan varios tipos de rituales en los enterramientos, desde los más sencillos, donde simplemente se depositan uno o varios individuos en un silo con un escaso o nulo ajuar, como puede observarse en SET Parralejos, Las Viñas-Cantarranas, Base Naval de Rota o C/ Zarza n°16, hasta los que tienen vestigios de un ritual elaborado y una intencionalidad bien definida, como por ejemplo, El Trobal o La Esparragosa.

El ajuar localizado es muy variado, ya que se encuentran productos de uso cotidiano y adornos personales, característicos de estas poblaciones. Es muy reseñable como ocurre en La Esparragosa, El Trobal y Jardines del Tempul la presencia de fauna a modo de ritual. Muestran una clara intencionalidad y vinculan la presencia de animales en los enterramientos con un cierto contenido simbólico.

7.4. Enterramientos en estructura megalítica

Las estructuras megalíticas son el máximo exponente durante la Prehistoria de poder económico, social e ideológico (Vicent, 1991; Ramos, coord., 2008; Vijande, 2010). Estas estructuras se caracterizan por ser enterramientos colectivos, aunque los individuos enterrados son una mínima parte del total de la comunidad. Esto deja claro que hay distintos estatus sociales dentro de cada comunidad. El gran esfuerzo que se tuvo que generar para la construcción de dichas estructuras de enterramiento por parte de la población y la complejidad del ritual de enterramiento sobre los restos, señalan una clara jerarquización en estas sociedades que han dejado atrás a las sociedades comunitarias tribales.

En el área geográfica de nuestro estudio sólo se ha podido estudiar un yacimiento con este tipo de estructura funeraria, localizado en el Cerro de las Vasconcillas en Rota, donde se localizaron restos de cuatro individuos (tres mujeres y un hombre), todos de edad adulta, aunque las mujeres son de mayor edad que el hombre.

Respecto al ajuar encontrado en este tipo de enterramientos, hay que reseñar que en su gran mayoría es de prestigio y de grupos poblacionales con una situación económica y social elevada.

7.5. La presencia de animales en contextos funerarios en la Campiña Litoral y Banda Atlántica de Cádiz

En el territorio bañado por el litoral, se encuentran muchos asentamientos con una destacada explotación de los recursos marinos, como se observa en el yacimiento de La Esparragosa, donde se documentó un individuo femenino cubierto completamente por almejas. Esto puede generar varias hipótesis: ofrendas alimentarias, elementos simbólicos de alto contenido ceremonial o religioso o pueden guardar relación con el tipo de actividad que ese personaje desarrolló en vida (Vijande, 2010). Estos enterramientos en concheros se han localizado en otros yacimientos cercanos al mar, como ocurre en el área atlántica portuguesa, en el estuario del río Muge y Tajo, de cronologías epipaleolíticas (Bellido y Ascensión, 1996: 145); al igual que en la cornisa cantábrica, en el caso del abrigo rocoso de J3 (Iriarte *et al.,* 2005: 607). Uno de los animales que más relación tiene con el hombre desde el momento en que se inicia la domesticación, es el perro. El vínculo de los perros con el hombre tiene una finalidad alimenticia y económica (protección del ganado), sin olvidar el valor sentimental entre el hombre y el perro (Quesada y Zamora, 2003; Oliver, 2014: 43). En nuestra zona de estudio sólo se ha documentado la presencia de perro en el yacimiento de Paraje de Monte Bajo (Alcalá de los Gazules), en concreto en la estructura E-2, donde dos perros fueron colocados en el centro. Según explican sus investigadores, estos restos pueden responder a un ritual de sacrificio de inauguración o como guardianes de la sepultura (Lazarich *et al.,* 2009:71). También se hallaron restos de animales en enterramientos en silo, tanto restos completos anatómicamente e incompletos y desarticulados con señales de haber sido consumidos por la población.

En nuestra área de estudio, se han localizado dos yacimientos con enterramientos en silo, con una clara intencionalidad en la deposición de los restos de fauna. El primer caso, es el referido al yacimiento de Jardines del Tempul (Jerez de la Frontera), de cronologías neolíticas finales. En él se localizaron dos esqueletos humanos (un hombre y una mujer, ambos de edad adulta) y tres de suidos en conexión anatómica, además de numerosos huesos pertenecientes a cánidos y ovicápridos (González *et al.,* 2008). La ubicación de los objetos y huesos aislados, así como de los esqueletos unidos anatómicamente, no parecen indicar una disposición excesivamente cuidada, a lo que hay que unir la ausencia de ajuares. Otro caso es el del silo denominado LL del yacimiento de El Trobal (Jerez de la Frontera) ya que, prácticamente en el nivel base, fueron depositados tres individuos, un hombre joven y una mujer adulta (Ruiz *et al.,* 1991: 19) en posición fetal y otro hombre adulto (Ruiz *et al.,* 1991: 22), con los miembros inferiores ligeramente encogidos. La distribución de los restos se encontraba a modo de círculo en torno a las paredes del silo, mientras que en el centro de la estructura, se observa una importante acumulación de huesos de animales (suidos y ovicápridos). Junto a estos, se depositó una vasija, una piedra de molino barquiforme y útiles líticos (González, 1986: 84). La temática sobre los animales enterrados en estructuras funerarias prehistóricas ha generado una gran literatura científica, con diversas hipótesis. Hay una clara tendencia a hacer inferencias de tipo económico, sobre todo con los restos de fauna que aparecen desarticulados y/o con marcas de corte, documentando el consumo de carne animal por parte de estas poblaciones (Nocete, 2001). En cambio los restos completos o sin marcas de consumo se entienden más como depósitos rituales (Cámara *et al.,* 2008).

CAPÍTULO 8

CONCLUSIONES Y VALORACIONES FINALES

Durante mucho tiempo los estudios arqueológicos, salvando algunas excepciones, han prescindido de la información que los restos humanos proporcionaban. Esto ocurría con la gran mayoría de los yacimientos con estructuras funerarias de cronologías de la Prehistoria reciente en la Campiña Litoral y Banda Atlántica de Cádiz. Como primer objetivo de esta investigación, se plantea solventar ese vacío de investigación. Tras el desarrollo de este trabajo creemos que se ha conseguido paliar en cierta medida este hecho, como se ha reflejado. No se considera un trabajo cerrado, pero si un avance para conocer mejor a las poblaciones que vivieron en esta zona desde el VI al II milenio a.n.e. Hay que tener en cuenta que aunque la colección antropológica estudiada es la existente, el tamaño de la muestra y sobre todo el estado de la misma, han reducido mucho la información obtenida de los restos óseos humanos. Por ello, todo lo planteado no llega a ser concluyente y está sujeto a un estudio con la aplicación de otras técnicas como es el C14 y estudios genéticos (ADN). No obstante, hay que tener en cuenta que este trabajo aporta una información inédita. Por un lado, la información biológica de la población prehistórica de la zona; por otro, la aplicación de esta información biológica a los estudios arqueológicos, dando a conocer qué individuos reciben un ritual característico.

Con este trabajo, planteamos una serie de **perspectivas y líneas futuras de investigación** a seguir, ya que un trabajo de este tipo acaba generando más interrogantes de los que resuelve. Ya que sólo se hace referencia a la zona de la Campiña Litoral y Banda Atlántica de Cádiz. Esto es debido a que se eligió esta zona geográfica concreta por el vacío de investigación en el campo de la Antropológica Física, y por tanto, era un material inédito. Aun así, somos conscientes que existe un entorno geográfico cercano por descubrir y relacionar, evitando quedarse en un trabajo de una zona geográfica concreta. No se puede perder de vista el Oeste de la Península está Portugal, la cual tiene una estrecha relación con la Banda Atlántica de Cádiz, ya que tienen un mismo medio natural en común: el Atlántico. Destacan sobre todo los yacimientos con cronologías de Neolítico antiguo de Muge y del Sado, donde se localizan una serie de yacimientos con concheros y con estructuras de cabañas, y con enterramientos en los propios concheros (Carvalho, 2007: 488). Al igual que el poblado permanente de Castelo Belinho (V milenio a.n.e.), con estructuras de cabaña, huecos de poste, silos y varios enterramientos en fosa, donde los individuos se encontraban en posición encogida y con elementos de adornos, como los brazaletes realizados en concha *Glycymeris* (Carvalho, 2007: 490).

Con estas cronologías en la zona más central de la Alta Extremadura o Vale do Nabão, destacan dos sitios con procesos de neolitización como son las grutas de Nª. Sra. das Lapas (Oosterbeek 1993; Carvalho, 2007: 541) y de Caldeirão, con contextos funerarios (Zilhão 1992; Carvalho, 2007: 541). Hay que destacar la necrópolis de Algar de Bom Santo (finales del IV milenio a.n.e.). Es una cavidad con diversas galerías donde se pudieron documentar unos 121 individuos. Al igual que otras necrópolis neolíticas como la *Gruta da Herdade de Sala* (Soares, 1994), la Camada III de *Gruta de Feteira* (Zilhão 1984; Zilhão y Carvalho, 1996), en la *Lapa do Fumo* (Soares e Cabral, 1993) y de *Algar do Barrão* (Zilhão e Carvalho, 1996; Duarte, 1998: 109) (Carvalho, 2007).En torno a la Bahía de Lagos y de Cacela existe una interesante concentración de estructuras megalíticas. En esta zona se localiza la necrópolis de Alcalar (finales del IV al III milenio a.n.e.) (Morán y Parreira, 2009). Y por último, tenemos que mirar hacia el Estrecho de Gibraltar, el cual, constituye una frontera física y política, pero no debemos olvidar que actuó como nexo durante buena parte de la Prehistoria en adelante. Ambas orillas muestran numerosas similitudes edáficas, climáticas, etc., por lo que creemos necesario proyectos de investigación y de cooperación entre las instituciones de ambas orillas. Los estudios realizados en la región norteafricana son muy escasos. Se conocen las relaciones entre ambas orillas con fechas muy tempranas. Sin embargo, en momentos avanzados del Neolítico, existen lazos comerciales como refleja la presencia de marfil en sepulturas del sur peninsular (Vijande, 2010: 554).

Con la publicación de la Carta Arqueológica del Norte de Marruecos se han abierto nuevas líneas de investigación debido a los yacimientos arqueológicos que se recogen. Creemos muy interesantes las nuevas evidencias que se vienen documentando en el Norte de África, las cuales abren grandes perspectivas para el futuro (Raissouni, *et al.*, coords., 2015: 17).

BIBLIOGRAFÍA

ACOSTA, P. (1995): "Las culturas del Neolítico y Calcolítico en Andalucía occidental". *Espacio, tiempo y forma. Serie I, Prehistoria y arqueología*, nº 8. UNED, Madrid, pp. 33-80.

ACOSTA, P. y PELLICER, M. (1990): *La Cueva de la Dehesilla (Jerez de la Frontera). Las primeras civilizaciones productoras en Andalucía Occidental.* Centro de Estudios Históricos Jerezanos. CSIC. Jerez de la Frontera

ACSADI, G. y NEMESKERI J. (1970) *History of Human Life Span and Mortality.* Akadémiai Kiado. Budapest..

AFONSO, J.A., CÁMARA, J.A., SPANEDDA, L., ESQUIVEL, J.A., LIZCANO PRESTEL, R., PÉREZ, C., RIQUELME, J.A. (2014): "Nuevas aportaciones para a periodización del yacimiento del Polideportivo de Martos (Jaén): la evaluación estadística de las dataciones obtenidas para contextos rituales" *Archivo de Prehistoria Levantina.* Vol. XX. pp. 133-158.Valencia.

ALARCÓN F. y AGUILERA, L. (1993): "Intervención arqueológica de emergencia. El Almendral (El Bosque, Cádiz)", en *Anuario Arqueológico de Andalucía de 1991 III.* Sevilla, pp. 47-50. Junta de Andalucía. Sevilla.

ALCÁZAR, J. (1994): "Estudio antropológico del enterramiento de la Edad del Bronce de El Estanquillo". En **J. RAMOS, A. SÁEZ, V. CASTAÑEDA y M. PÉREZ (coord.):** *Aproximación a la Prehistoria de San Fernando. Un modelo de poblamiento periférico en la banda atlántica de Cádiz,* pp. 311-323. Ayuntamiento de San Fernando (Cádiz).

ALEMÁN, I. (1997): Determinación de sexo en restos esqueléticos. Estudios de una población mediterránea actual. Tesis doctoral. Universidad de Granada.

ALEMÁN, I., BOTELLA, M. y RUIZ, L. (1997): "Determinación del sexo en el esqueleto postcraneal. Estudio de una población mediterránea actual". *Archivo Español de Morfología* 2, pp. 69-79.

ALONSO, C., GRACIA, F. J. y BENAVENTE, J. (2009): "Evolución histórica de la línea de costa en el sector meridional de la Bahía de Cádiz". *Rampas, 11,* pp. 13-37. Servicio de Publicaciones de la Universidad de Cádiz.

ALQAHTANI, S.J., HÉCTOR, M.P. y LIVERSIDGE, H.M. (2010): "The London Atlas of Human Tooth Development and Eruption". *American Journal of Physical Antrhropology* 142, pp. 481- 490.

ARANDA, G. (2015): "Resistencia e involución social en las comunidades de la edad del Bronce del sureste de la Península Ibérica". *Trabajos de Prehistoria*, Vol. 72 Nº1. pp. 126-144. CSIC.

ARMELAGOS, G. J. (1998): "Introduction: Sex, Gender and health status in prehistoric and contemporary populations". En A.L. Grauer; P. Stuart Macadam (eds.) *Sex, Gender in Paleopathological Perspective, 1-10.* Cambridge University Pres.

ARTEAGA, O. (1992): "Trivialización, jerarquización y estado en el territorio del El Algar". *Spal*, 1 pp. 179-208. Universidad de Sevilla.

ARTEAGA, O. (2002): "Las teorías explicativas de los "cambio culturales" durante la Prehistoria en Andalucía: nuevas alternativas de investigación". *Actas del IIIer Congreso de Historia de Andalucía.* pp. 247 - 311.Córdoba.

ARTEAGA, O. y HOFFMANN, G. (1999): "Dialéctica del proceso natural y sociohistórico en las costas mediterráneas de Andalucía", en *Revista Atlántico- Mediterránea de Prehistoria y Arqueología Social 2.* pp. 13-121. Cádiz.

ARTEAGA, O., SCHULZ, H. y ROOS, A.Mª. (2008): "Geoarqueología Dialéctica en la Bahía de Cádiz". En **O. ARTEAGA y H. SCHULZ (eds.):** *Geoarqueología y proceso histórico en la Bahía de Cádiz, Rampas, 10.* pp. 21-116.Servicio de Publicaciones de la Universidad de Cádiz. Cádiz.

BARRIONUEVO, F.J. (2006): "Informe arqueológico: Estudio diagnóstico Jardines de Tempul c/ Taxdirt 35, c/ Zoilo Ruiz Mateos Camacho (Jerez de la Frontera)". *Junta de Andalucía. Inédito.*

BASS, W. M. (1995): *Human Osteology.* A laboratory and Field Manual. Missouri. Archaeological Society, Springfield.

BATE, L.F. (1984): "Hipótesis sobre la sociedad clasista inicial". *Boletín de Antropología Americana*, 9. pp. 47-86.México.

BATE, L.F. (1998): *El proceso de investigación en Arqueología*. Editorial Crítica. Barcelona.

BATE, L.F. (2004): "Sociedades cazadoras recolectoras y primeros asentamientos agrarios". *Sociedades recolectoras y primeros productores. Actas de las jornadas temáticas andaluzas de Arqueología*, pp. 9-38. Junta de Andalucía. Consejería de Cultura, Sevilla.

BEJARANO, D. (2002): "Intervención arqueológica de urgencia "Duplicación de Calzada en carretera Nacional IV, entre el P.K. 628,4 y el P.K. 632,9 en el T.M. de Jerez de la Frontera (Cádiz)". *Inédito*.

BELLIDO, A., ASCENSIÓN, J.L. (1996): "Megalitismo y rituales funerarios" *Complutum Extra, 6 (I)*. pp. 141 – 152.

BERDICHEWSKY, B. (1964): *Los enterramientos en cuevas artificiales del Bronce I. Hispánico*. Madrid.

BENÍTEZ, R., MATA, E. y GONZÁLEZ, B. (1992): "Intervención arqueológica de urgencia en la Loma del Puerco. Chiclana de la Frontera (Cádiz)". *Anuario Arqueológico de Andalucía de 1992 III*. pp. 90-96. Junta de Andalucía. Sevilla

BOTELLA, M. C., ALEMÁN, I. y JIMÉNEZ-BROBEIL, S. A. (2000). *Los huesos humanos. Manipulación y alteraciones*. Ed. Bellaterra. Barcelona.

BORJA, F. (1994): "La secuencia paleogeográfica Pleistoceno superior-Holoceno del corte de El Estanquillo (San Fernando)". En **J. RAMOS, A. SÁEZ, V. CASTAÑEDA y M. PÉREZ (coords.)**: *Aproximación a la Prehistoria de San Fernando*. Excmo. Ayuntamiento de San Fernando, pp. 179-190. San Fernando.

BROCA, P. (1875): "Instructions craniologiques et craniométriques", *Mémoires de la Societé d'Anthropologie de Paris* 2 (2): 1-103.

BROTHWELL. D.R. (1987): *Desenterrando huesos*. Fondo de Cultura Económica. México.

BUENO, P. (2005): "La necrópolis del Bronce Antiguo de la Fuente de Ramos y la Ermita del Almendral: la Prehistoria Reciente en Puerto Serrano (Cádiz)". *Almajar: Revista de Historia, Arqueología y Patrimonio de Villamartín y la Sierra de Cádiz. N° 2*. pp. 39-50. Ayuntamiento de Villamartín.

BUENO, O. (2002): "Capitulo 10: Estudios de los restos humanos aparecidos en el yacimiento de "El Retamar"" en J. **RAMOS y M. LAZARICH** (Eds.): *El asentamiento de "El Retamar (Puerto Real, Cádiz). Contribución al estudio de la formación social tribal y a los inicios de la economía de producción en la Bahía de Cádiz*. Universidad de Cádiz y Ayuntamiento de Puerto Real. Cádiz.

BUIKSTRA, J. y UBELAKER, D. (Eds.) (1994): *Standards for data collection from human skeletal remains*. Arkansas Archaeological Survey Research. Serie No. 44.

CÁCERES, I. (1997): "Agentes tafonómicos y económicos de los grupos de cazadores-recolectores de la Cueva del Higueral de Sierra Valleja". *Revista Atlántica-Mediterránea de Prehistoria y Arqueología Social, 1*, pp. 57-76. Servicio Publicaciones de la Universidad de Cádiz.

CÁMARA, J.A. (2002): "Ideología y ritual funerario en el Neolítico Final y Calcolítico del Sudeste de la Península Ibérica". *Revista Atlántica-Mediterránea de Prehistoria y Arqueología Social, 5*. pp. 125-166. Servicio Publicaciones de la Universidad de Cádiz.

CÁMARA, J.A., LIZCANO, R., PÉREZ, C. y GÓMEZ, E., (2008): "Apropiación, sacrificio, consumo y exhibición ritual de los animales en el polideportivo de Martos. Sus implicaciones en los orígenes de la desigualdad social". *Cuadernos de prehistoria y arqueología de la Universidad de Granada*, N° 18, pp. 55-90. Universidad de Granada.

CÁMARA, J.A., RIQUELME, J.A., PÉREZ, C., LIZCANO, R., BURGOS, A. y TORRES, F. (2010): "Sacrificio de animales y rituales en el polideportivo de Martos-La Alberquilla (Martos, Jaén)" *Cuadernos de prehistoria y arqueología de la Universidad de Granada*, N° 20, pp. 295-327. (Ejemplar dedicado a: Aplicaciones informáticas en arqueología). Universidad de Granada.

CÁMARA, J.A., SPANEDDA, L., GÓMEZ DEL TORO, E., LIZCANO, R. (2011): "La discusión sobre la función de los fosos en la prehistoria reciente del Sur de la Península Ibérica. Modas y Temores". En **J. ABELLÁN, M. LAZARICH, V. CASTAÑEDA (coords.)**: *Homenaje al profesor Antonio Caro Bellido.* Volumen I. pp. 61-80. Prehistoria y Protohistoria de Andalucía y Levante. Servicio de publicaciones. Universidad de Cádiz.

CAMPILLO, D. (2001): *Introducción a la Paleopatología.* Bellaterra, Barcelona.

CAMPILLO, D. y SUBIRÁ, M.E. (2004): *Antropología física para arqueólogos.* Ariel, Barcelona.

CAPASSO, L., KENNEDY, K.A.R. y WILCZAK, C. A. (1999): *Atlas of occupational markers on human remains.* Teramo, Italy: Edigrafial.

CARRIAZO, J. DE M. (1975): "El Dolmen de Hidalgo (junto a la desembocadura del Guadalquivir) y las contiguas sepulturas en fosa eneolíticas." *XIII Congreso Nacional de Arqueología.* pp. 327-333 (Huelva, 1973). Zaragoza.

CARVALHO, A.F. (2007): *A neolitização do Portugal meridional. os exemplos do maciço calcário estremenho e do Algarve Ocidental.* Tesis doctoral. Universidade do Algarve.

CARRILERO, M., MARTÍNEZ, J. y MARTÍNEZ, G. (1982): "El yacimiento de Morales (Castro del Río, Córdoba). La cultura de los silos en Andalucía occidental". *Cuadernos de Prehistoria de la Universidad de Granada 7*, pp. 171-207. Universidad de Granada.

CASTAÑEDA, V. (1997): *La actual San Fernando (Cádiz) durante el II milenio a.C.* Universidad de Cádiz y Ayuntamiento de San Fernando.

CASTAÑEDA, V., GARCÍA, I. y PRADOS, F. (2013): Cuestiones sobre la arqueología funeraria en el ámbito del Estrecho de Gibraltar: el ejemplo de la necrópolis de cuevas artificiales de Los Algarbes (Tarifa, Cádiz). Espacio, tiempo y forma. Serie I. Prehistoria y Arqueología. Nº6 (Ejemplar dedicado a: Nueva Época). pp. 199- 219.

CASTAÑEDA, V., GARCÍA, I., PRADOS, F., COSTELA, Y. y TORRES, F., (2014): "La Estructura 1-2 de la necrópolis de Los Algarbes (Tarifa, Cádiz). Su reinterpretación a raíz de las nuevas investigaciones". *Al Qantir: Monografías y documentos sobre la historia de Tarifa*, I, N. 16, 2014. pp. 207-21. (Ejemplar dedicado a: Actas. II Jornadas de Historia de Tarifa).

CASTRO, P., LULL, V., MICÓ, R. y RIHUETE, C. (1995): "La prehistoria reciente en el sudeste de la península ibérica. Dimensión socio-económica de las prácticas funerarias", en **R. FÁBREGAS, F. PÉREZ y FERNÁNDEZ, C.** (eds.): *Arqueoloxía da Morte na Península Ibérica desde as Orixes ata o Medievo.* Biblioteca Arqueohistórica Limiá, Serie Cursos e Congresos 3, pp.127-167.Xinzo de Limia.

CHIMENOS E. (1992). "Patología Oral: Protocolo Diagnóstico". *MUNIBE: Antropología-Arkeología,* Supl nº8, 189-191, San Sebastián, 1992.

CHILDE, V.G. (1979): *El origen de la civilización.* Fondo de Cultura Económica. México.

CORZO, R. (1983): "Necrópolis de la Edad del Bronce en Las Valderas (Arcos)." *Arqueología 83:12.* Ministerio de Cultura. Madrid.

COSTELA, Y. y PAREDES, H. (2015): "Las estructuras funerarias de cerro Vasconcillas (Rota, Cádiz)". *Arqueología de Transiçã*o: *O Mundo Funerario.* Actas do II Congresso Internacional sobre Arqueología de Transição. pp. 106-112. CHAIA.

CUENCA, D., CANTILLO, J.J., VIJANDE, E., MONTAÑÉS, M., CLEMENTE, I. y VILLALPANDO, A. (2013)**:** "Utilización de instrumentos de concha para la realización de actividades productivas en sociedades tribales comunitarias del Sur de la Península Ibérica. El ejemplo de Campo de Hockey (San Fernando, Cádiz) y SET Parralejos (Vejer de la Frontera, Cádiz)." *Zephyrus*, LXXII, julio-diciembre 2013, pp. 95-111.

DE MIGUEL, Mº P. (2010): "Una visión de la infancia desde la osteoarqueología: de la Prehistoria Reciente a la Edad Media" *Complutum,* Vol. 21(2). pp. 135-154

DOMÍNGUEZ-BELLA, S., RAMOS, J. y PÉREZ, M. (2008): "Productos arqueológicos exóticos en los contextos de los yacimientos prehistóricos de la Banda Atlántica de Cádiz. Inferencias de su documentación". En **J. RAMOS** (ed.):

La ocupación prehistórica de la campiña litoral y banda atlántica de Cádiz. Aproximación al estudio de las sociedades cazadoras-recolectoras y tribales-comunitarias y clasistas iniciales. pp. 213-230. Junta de Andalucía. Sevilla.

DUARTE, C. (1998): "Necrópole neolítica do Algar do Bom Santo: contexto cronologico e espaço funerário". *Revista Portuguesa de Arqueología.* Vol. 1. N° 2. pp. 107- 118.

DUCKIVORTH, W,LH, (1911): "Cave exploration at Gibraltar in september, 1910", *The Journal of the Royal Anthropological Institute of the Great Britain and Ireland,* XLI. pp. 350-380, London.

DUCKIVORTH, W,LH, (1912): "Cave exploration at Gibraltar in 1911", *The Journal of the Royal Anthropological Institute of the Great Britain and Ireland,* XLII. pp. 515-528, London.

DUCKIVORTH, W,LH, (1914): "Cave exploration at Gibraltar in 1912", *The Journal of the Royal Anthropological Institute of the Great Britain and Ireland,* XLIV. pp. 264-269, London.

ESCACENA, J.L. y DE FRUTOS, G. (1981): "Enterramiento de la Edad del Bronce en el Cerro del Berrueco (Medina Sidonia, Cádiz). *Pyrenae 17-18.* pp. 165-190. Barcelona. Universitat de Barcelona.

ESCACENA, J.L. y DE FRUTOS, G. (1985): "Estratigrafía de la Edad del Bronce en el Cerro del Berrueco (Medina Sidonia, Cádiz). *Noticiario Arqueológico Hispánico* 24. Madrid. Ministerio de Cultura.

ESCACENA, J.L. y BERRIATUA, N. (1985): "El Berrueco de Medina Sidonia (Cádiz): Testimonios de una probable expansión argárica hacia el oeste". *Cuadernos de prehistoria y arqueología de la Universidad de Granada,* N° 10, pp. 225-242. Universidad de Granada.

ESTEVE, M. (1979): "La sepultura neolítica de Alcántara" en *Miscelánea arqueológica de Jerez.* pp. 2-18. Centro de Estudios Históricos Jerezanos.

FEREMBACH, D., SCHWIDETZKY, I. y STLOUKAL. M. (1979): "Recommandations pour determiner l'age et le sexe sur le squelette". *Bull et Mém de la Soc d'Anthrop de Paris* t. 6, série XIII: pp. 7-45.

FERNÁNDEZ, J. y MÁRQUEZ, J.E. (2008): "Nuevos datos sobre la cronología del sepulcro megalítico del "Tesorillo de la LLaná" (Alozaina, Málaga)". *Mainake,* N° 30. pp. 345-354.

FERNÁNDEZ, J. (2004): "Uso de estructuras megalíticas por parte de grupos de la edad del Bronce en el marco de Río Grande (Málaga)". *Mainake,* N° 26. pp. 273-292.

FERRER, J.E. (1977): "La necrópolis megalítica de Fonelas (Granada). El sepulcro Domingo 1 y sus niveles de enterramiento". *Cuadernos de Prehistoria y arqueología de la Universidad de Granada. N° 2* pp. 173-212. Universidad de Granada.

FERRER, J.E. (1978): "Serie de pulseras decoradas, pertenecientes al Bronce Final, halladas en un enterramiento secundario de la necrópolis megalítica de Fonelas (Granada)" *Baetica: Estudios de arte, geografía e historia n° 1.*pp.181-194.

FINALYSON, C., GILES, F., GUTIÉRREZ, J.Mª., SANTIAGO, A., MATA, E., ELLUE, E., GARCÍA, N. (1999): "Recientes excavaciones en el nivel neolítico de la Cueva de Gorham (Gibraltar. Extremo Sur de Europa)". *Il Congrés del Neolític a la Península Iberica* SAGVNTVM-PLAV, Extra-2 (1999): pp. 213-221.

GONZÁLEZ, A. y SÁEZ, A. (2011): "Aportes para una bioarqueología social y feminista" *Revista Atlántica-Mediterránea de Prehistoria y Arqueología Social, 13,* pp. 81-96. Servicio de Publicaciones de la Universidad de Cádiz.

GONZÁLEZ, R. (1987): "El yacimiento de "El Trobal" (Jerez de la Frontera, Cádiz). Nuevas aportaciones a la cultura de los silos de la Baja Andalucía". *Anuario Arqueológico de Andalucía,* 1986 - III. pp. 82-88.Actividades de Urgencia. Sevilla.

GONZÁLEZ, R. y RAMOS, J. (1988): "Torre Melgarejo, un sepulcro de inhumación colectiva en los Llanos de Caulina (Jerez, Cádiz)". *Anuario Arqueológico de Andalucía 1988. Tomo III.* pp. 84-98. Junta de Andalucía. Sevilla.

GONZÁLEZ, R. y RUIZ, D. (1999): "Prehistoria e Historia de Jerez" en **D. CARO** (coord.) *Historia de Jerez de la Frontera.* Tomo I De los orígenes a la época medieval. Servicio de Publicaciones. Diputación de Cádiz.

GONZÁLEZ, R., AGUILAR, L., MARTIN, D., BARRIONUEVO, F.J. y COLLADO, M. (2008): *Carta arqueológica municipal: Jerez 1: El núcleo urbano.* Consejería de Cultura. Dirección General de Bienes Culturales. Sevilla.

GONZÁLEZ, B., GÓMEZ, R., MATA, E. y BENÍTEZ, R. (2010): "La necrópolis de II milenio de la Loma del Puerco, Chiclana de la Frontera (Cádiz)".En **E. MATA** (coord.) *Cuaternario y arqueología: Homenaje a Francisco Giles.* pp. 237-243.

GOODMAN, A.H. y ROSE, J.C. (1990): "Assessment of Systemic Physiological perturbations from dental enamel hypoplasias and associated histological structures", *Yearbook of Physical Anthropology* 33, pp. 59-110.

GILES, F., MATA, E., BENÍTEZ, R., GONZÁLEZ, B. y MOLINA, I. (1993-1994): "Fechas de Radiocarbono 14 para la Prehistoria y Protohistoria de la Provincia de Cádiz" *Boletín del Museo de Cádiz, VI:* pp. 43-52. Cádiz.

GILES, F., BENÍTEZ, R., MATA, E., GUTIÉRREZ, J.Mª., GONZÁLEZ, B., SANTIAGO, A. y BLANES, C. (1991): *Informe arqueológico de las prospecciones en la Loma del Puerco (Chiclana de la Frontera, Cádiz).* Delegación Provincial de Cultura de Cádiz.

GRACIA, F.J. (1999): "Geomorfología de La Mesa y de las terrazas del río Iro y Arroyo de la Cueva". En **J. RAMOS, M. MONTAÑÉS, M. PÉREZ, V. CASTAÑEDA, N. HERRERO, Mª.E. GARCÍA y I. CÁCERES** (Eds.): *Excavaciones arqueológicas en La Mesa (Chiclana de la Frontera, Cádiz). Campaña de 1998. Aproximación al estudio del proceso histórico de su ocupación.* Serie Monográfica. Arqueología en Chiclana de la Frontera, 1, pp. 31 - 40. Ayuntamiento de Chiclana de la Frontera. Fundación Viprem. Universidad de Cádiz.

GRACIA, F.J. y BENAVENTE, J. (2000): "Geomorfología de la costa atlántica gaditana". En **J.R. DE ANDRÉS,** y **F.J. GRACIA** (Eds.): *Geomorfología litoral: procesos activos.* Instituto Tecnológico Geominero de España. Madrid.

GRACIA, F., BENAVENTE, J. y MARTÍNEZ, J.A. (2002): "Geomorfología y emplazamiento. Enmarque holoceno de "El Retamar". En **J. RAMOS Y M. LAZARICH** (eds.): *El asentamiento de "El Retamar" (Puerto Real, Cádiz). Contribución al estudio de la formación social tribal y a los inicios de la economía de producción en la Bahía de Cádiz,* pp. 27-36. Universidad de Cádiz y Ayuntamiento de Puerto Real.

GUERRERO, L. J. (1985): "El complejo neolítico de Las Simas de La Veredilla (Benaocaz, Cádiz)". *Revista de Arqueología 46.*pp. 24-35. Madrid.

GUTIÉRREZ, J.M: (2007): "Un avance de la excavación del sepulcro megalítico de El Juncal (Ubrique, Cádiz)". En *Revista Atlántica- Mediterránea de Prehistoria y Arqueología Social, 9,* pp. 291-301. Servicio de Publicaciones de la Universidad de Cádiz.

GUTIÉRREZ, J.M., MARTÍN, A., DOMÍNGUEZ, S. y MORAL, J. P. (1991): *Introducción a la Geología de la Provincia de Cádiz.* Universidad de Cádiz. Cádiz.

GUTIÉRREZ, J.M., REINOSO, M.C., AGUILERA, L. y SANTIAGO, A. (2000): "Un balance del Neolítico de las Subbéticas Occidentales al final del Milenio". En *Actas del I Congreso Andaluz de Espeleología,* pp. 151-175. Ronda.

GUTIÉRREZ, J.M., MARTÍN, A., DOMÍNGUEZ, S. y MORAL, J.P. (1991): *Introducción a la Geología de la Provincia de Cádiz.* Universidad de Cádiz. Cádiz.

GUZMÁN, F.J., y CASTAÑEDA, V. (2008): *Vida y muerte en la Historia de Cádiz.* Cemabasa.

INÁCIO, N., NOCETE, F., CALADO, D., CURATE, F., NIETO, J.M., RODRÍGUEZ, M. y OLIVEIRA, C. (2010): "O Túmulo Megalítico de Santa Rita (Vila Nova de Cacela). Resultados preliminares de um proceso de investigação em curso" *XELB 10. Actas do 7º* pp. 73 - 86. *Encontro de Arqueologia do Algarve.*

IRIARTE, M.J., ARRIZABALAGA, A., ETXEBERRIA, F. y HERRASTI, L. (2005): "La inhumación humana en conchero de J3 (Hondarribia, Gipuzkoa)". En: **P. ARIAS, R. ONTAÑON y C. GARCÍA-MONCÓ,** (Eds.) *III Congreso del Neolítico en la Península Ibérica:* 607-613. Universidad de Cantabria (Monografías del IIIPC, 1) Santander.

ISIDRO, A. y MALGOSA, A. (2003). *Paleopatología. La enfermedad no escrita.* Ed. Masson. Barcelona.

LAZARICH, M. (1999): "Estudio de los materiales arqueológicos procedentes del yacimiento "El Jadramil" (Arcos de la Frontera, Cádiz), depositados en el Museo Provincial de Cádiz.". *Anuario Arqueológico de Andalucía*. Actividades sistemáticas y puntuales. pp. 80 - 87. Junta de Andalucía. Sevilla.

LAZARICH, M. (2003): *El Jadramil (Arcos de la Frontera). Estudio arqueológico de un asentamiento agrícola en la campiña gaditana*, Arcos de la Frontera.

LAZARICH, M. (2007): *La necrópolis de Paraje de Monte Bajo (Alcalá de los Gazules, Cádiz). Un acercamiento al conocimiento de las prácticas funerarias prehistóricas.* Servicio de Publicaciones. Universidad de Cádiz.

LAZARICH, M. (2010): "La necrópolis colectiva en cuevas artificiales en el Paraje de Monte Bajo (Alcalá de los Gazules, Cádiz" en IV Encuentro de Arqueología del Suroeste Peninsular [Recurso electrónico].

LAZARICH, M., BUENO, O. y RICHARTE, M. J. (2001): "Estudio antropológico y de los productos arqueológicos hallados en la Necrópolis de "Las Valderas" (Arcos de la Frontera, Cádiz), depositados en los fondos del Museo Provincial de Cádiz.". *Anuario Arqueológico de Andalucía*, II. Actividades sistemáticas y puntuales. pp. 83 - 91.Junta de Andalucía. Sevilla.

LAZARICH, M., FERNÁNDEZ DE LA GALA, J.V., RAMOS, A., BRICEÑO,E., VERSACI, M., CRUZ , M.J. (2015): "Nuevos datos para el conocimiento de los rituales funerarios practicados por las comunidades agropastoriles en la Baja Andalucía. La necrópolis de Paraje de Monte Bajo (Alcalá de los Gazules, Cádiz). EN **GONÇALVES, V.S.; DINIZ, M.; SOUSA, A. C.,** eds. (2015). 5.° *Congresso do Neolítico Peninsular.* Actas. Lisboa: UNIARQ. pp 571 – 577.

LINARES, J. A. (2011): *Territorios, Paisajes y Arquitecturas Megalíticas. Guía del Megalitismo en la provincia de Huelva.* Consejería de Cultura de la Junta de Andalucía.

LIZCANO, R., CÁMARA, J.A., CONTRERAS, F., PÉREZ, C. y BURGOS, A. (2004): "Continuidad y cambio en comunidades calcolítica del Alto Guadalquivir", *Simposios de Prehistoria Cueva de Nerja II. La problemática del Neolítico en Andalucía. III. Las primeras sociedades metalúrgicas en Andalucía.* pp. 361-369. Fundación Cueva de Nerja, Nerja.

LÓPEZ, E. (2008): "La secuencia del poblamiento humano en la Sierra de Cádiz" en *Estudios recientes de Arqueología Gaditana.* Actas de las Jornadas de Jóvenes Investigadores Prehistoria & Arqueología. Cádiz, abril 2008. BAR Internacional Series 2276. pp. 45-59. Oxford.

LULL, V. y PICAZO, M. (1989): "Arqueología de la Muerte y estructura social". *Archivo Español de Arqueología, n° 62*, pp. 5-20.

MÁRQUEZ, J.E. y JIMÉNEZ, V. (2010): *Recintos de fosos: Genealogía y significado de una tradición en la Prehistoria del suroeste de la Península Ibérica (IV-III milenios AC).* Servicio de Publicaciones y Divulgación Científica de la UMA.

MARTIN, R. y KNUSSMAN, R. (1988):*Lehrbuch der Anthropologie und Humangenetik.* New Yorrk- Stuttgart.

MARTÍN DE LA CRUZ, J.C. (1985): *Papas Uvas I. Aljaraque, Huelva. Campañas de 1976 a 1979.*Excavaciones Arqueológicas en España 136. Madrid.

MARTÍN DE LA CRUZ, J.C. (1986): *Papas Uvas II. Aljaraque, Huelva. Campañas de 1981 a 1983.*Excavaciones Arqueológicas en España 149. Madrid.

MARTÍNEZ, F., PEREDA, C. y ALCÁZAR, J. (1991): "Primeros datos sobre una necrópolis prehistórica de excepcional interés: el Cerro de Casería de Tomillos (Alcalá del Valle, Cádiz)", *Anuario Arqueológico de Andalucía de 1989* III, pp. 59- 65.Sevilla.

MATA, E. (1991): Informe sobre la intervención arqueológica en el yacimiento de los Algarbes, Tarifa (Cádiz). Campaña de 1990". *Anuario Arqueológico de Andalucía*, 1991 III. pp. 83-93. Junta de Andalucía. Sevilla.

MEINDL, R.S. y LOVEJOY, C.O. (1985): "Ectocranial sutue closure: A revised method for the determination of skeletal age at death and blind tests of its accuracy" *American Journal of Physical Anthropology, 68* pp. 57 – 66.

MENDOÇA, M.C. de (2000):"Estimation of height from the length of long bones in a Portuguese adult population". *American Journal of Physical Anthropology* 112(1). pp. 39-48.

MORA-FIGUEROA, L. (1976): "El yacimiento prehistórico de la Cueva de Hundidero-Gato. Benaoján (Málaga). I Campaña". *Noticiario Arqueológico Hispánico* 5, pp. 97-116. Madrid.

MORÁN, E., PARREIRA, R. (2009): "La exhibición del poder en el megalitismo del suroeste peninsular: tres casos de estudio en el extremo Sur de Portugal". *Cuadernos de Prehistoria y Arqueología de la Universidad de Granada*, Nº 19 (Ejemplar dedicado a: Ideología y Arqueología, pp. 139 – 162.

MORENO-MÁRQUEZ, A. (2015): "Yacimientos con estructuras funerarias de la Prehistoria Reciente en la Campiña Litoral y Banda Atlántica de Cádiz. Estado de la cuestión". *Revista Atlántica- Mediterránea de Prehistoria y Arqueología Social, 17*, pp. 113- 120. Servicio de Publicaciones de la Universidad de Cádiz.

NEGUERUELA, I. (1981-1982): "La cueva artificial de Buena Vista, Vejer de la Frontera." *Boletín del Museo de Cádiz III.* pp. 23-26. Cádiz.

NOCETE, F. (1989): *El espacio de la coerción. La transición al estado en las campiñas del Alto Guadalquivir (España). 3000-1500 a. C.* BAR Internacional Series 492. Oxford.

NOCETE, F. (1994): *La formación del Estado en las Campiñas del Alto Guadalquivir (3000-1500 a.n.e.).* Monográfica Arte y Arqueología 23. Universidad de Granada, Granada.

NOCETE, F. (2001): *Tercer Milenio antes de Nuestra Era. Relaciones y contradicciones centro/ periferia en el Valle del Guadalquivir.* Bellaterra. Barcelona.

OLIVIER, G. (1960): *Pratique anthropologique.* París. Vigot Feres.

OLIVER, A. (2014): "Perros en el culto, la economía y el prestigio de los iberos." *Quaderns de prehistòria i arqueología de Castelló, 32.* pp. 43 – 61.

OOSTERBEEK, L. (1993): Nossa Senhora das Lapas: excavation of prehistoric cave burials in central Portugal. *Papers from the Institute of Archaeology.* 4, pp. 49-62.

ORTHER, D.J. (2003): *Identification of Pathological Conditions in Human Skeletal Remains,* San Diego, CA, Academic Press.

OTERO, J. (1987): "Estudio tipológico de las cerámicas llamadas *platos* en el Calcolítico de Andalucía". *Habis XVII.* pp. 403-433. Sevilla.

PAREDES, H., CORZO, S. y VILA, M. (2010): "Intervención arqueológica en el Cerro de las Vasconcillas (Rota, Cádiz). Primeros resultados de la investigación". En *De la Prehistoria a la Rábita y la Villa. Arqueología de Rota y la Bahía de Cádiz.* En **GUTIÉRREZ, J. M.** (ed.), pp. 27-40. Fundación Alcalde Zoilo Ruiz Mateos, Cádiz.

PEARSON, K. (1899): "On the reconstruction of the stature of prehistoric races", *Mathematical Contributions to the Theory of Evolution. V Philosophical Transactions of the Royal Society of London,* A-192, pp. 169-244.

PÉREZ, M. (2003): *Primitivas comunidades aldeanas en Andalucía.* Tesis Doctoral. Servicio de Publicaciones Universidad de Cádiz.

PÉREZ, M., RAMOS, J., VIJANDE, E. y CASTAÑEDA, V. (2005): "Informe preliminar de la excavación arqueológica de urgencia en el asentamiento prehistórico de La Esparragosa (Chiclana de la Frontera)". *Anuario Arqueológico de Andalucía, 2002, III*, pp. 93-103. Junta de Andalucía. Sevilla.

PINEDA, P. y TOBOSO, E. (2010): "Nuevas aportaciones a la Prehistoria de Chiclana de la Frontera, Cádiz. Campaña de Excavaciones en el yacimiento de "El Carrascal- La Esparragosa. Año 2004". *Cuaternario y Arqueología. Homenaje a Francisco Giles Pacheco,* pp. 229-236, Servicios de Publicaciones de la Diputación Provincial de Cádiz y ASPHA, Cádiz.

POSAC, C. (1975): "Los Algarbes (Tarifa) una necrópolis de la Edad del Bronce" *Noticiario Arqueológico Hispano, 4.* pp. 86-132.

PRADOS, F., GARCÍA, I. y CASTAÑEDA, V. (2009): "Arqueología de la muerte en el Campo de Gibraltar: de Los Algarbes a Baelo Claudia". *Almoraima*. N°. 39, pp. 443-456.

QUESADA, F. y ZAMORA, M. (2003): *El caballo en la Antigua Iberia. Estudio sobre los équidos en la Edad del Hierro.* Biblioteca Archaeologica Hispana, 19. Real Academia de la Historia. Universidad Autónoma de Madrid. Madrid.

RAISSOUNI, B., BERNAL, D., EL KHAYARI, A., RAMOS, J. y ZOUAK, M (coords). (2015): *Carta Arqueológica del Norte de Marruecos (2008 – 2012). Prospección y yacimientos, un primer balance. Volumen I.* Editada en el n° 5 de la Colección *Villes et sites archéologiques du Maroc* del INSAP de Rabat.

RAMOS, J. (1993): *El hábitat prehistórico del "Estanquillo".* Colección de Temas Isleños. San Fernando.

RAMOS, J. (1999): "La arqueología como proyecto social. Posición teórico-metodológica y líneas de actuación". En **J. RAMOS, M. MONTAÑÉS, M. PÉREZ, V. CASTAÑEDA, N. HERRERO, M.E. GARCÍA y CÁCERES, I.** (eds): *Excavaciones arqueológicas en La Mesa (Chiclana de la Frontera, Cádiz). Campaña de 1998. Aproximación al estudio del proceso histórico de su ocupación.* Serie Monográfica. Arqueología en Chiclana de la Frontera I, pp. 15-29. Ayuntamiento de Chiclana de la Frontera. Fundación Viprem. Universidad de Cádiz. Cádiz.

RAMOS, J. (coord.) (2008): *La ocupación prehistórica de la campiña litoral y Banda Atlántica de Cádiz. Aproximación al estudio de las sociedades cazadoras- recolectoras, tribales-comunitarias y clasistas iniciales,* Arqueología Monografías. Sevilla: Consejería de Cultura de la Junta de Andalucía.

RAMOS, J. y GILES, F. (eds.) (1996): *El Dolmen de Alberite (Villamartín). Aportaciones a las formas económicas y sociales de las comunidades neolíticas en el noroeste de Cádiz.* Servicio de Publicaciones de la Universidad de Cádiz y Ayuntamiento de Villamartín.

RAMOS, J., MONTAÑÉS, M., PÉREZ, M., CASTAÑEDA, V., HERRERO, N., GARCÍA, Mª.E. y CÁCERES, I. (Eds.) (1999): *Excavaciones arqueológicas en La Mesa (Chiclana de la Frontera, Cádiz). Aproximación al estudio del proceso histórico de su ocupación. Campaña de 1998.* Ayuntamiento de Chiclana, Fundación Vipren y Universidad de Cádiz. Chiclana de la Frontera.

RAMOS, J. y LAZARICH, M. (Eds.) (2002): *El asentamiento de "El Retamar (Puerto Real, Cádiz). Contribución al estudio de la formación social tribal y a los inicios de la economía de producción en la Bahía de Cádiz.* Universidad de Cádiz y Ayuntamiento de Puerto Real. Cádiz.

RAMOS, J., PÉREZ, M. y DOMÍNGUEZ-BELLA, S. (2004- 2005): *"Las sociedades clasistas iniciales en la banda atlántica de Cádiz (III-II milenios a.n.e.)".* Rampas, 7, pp. 51-77. Servicio de Publicaciones de la Universidad de Cádiz.

RAMOS, J., PÉREZ, M., CLEMENTE, I., GARCÍA, V., RUIZ, B., GIL, M.J., VIJANDE, E., SORIGUER, M., HERNANDO, J. y ZABALA, C. (2008): "La Esparragosa (Chiclana de la Frontera). "Un asentamiento con campo de silos en la campiña de Cádiz, del IV milenio a.n.e.". En **M. HERNÁNDEZ, J. SOLER y J.A. LÓPEZ** (Eds.): *IV Congreso del Neolítico Peninsular*, pp. 385-392. MARQ. Diputación Provincial de Alicante. Alicante.

RAMOS, J., DOMÍNGUEZ-BELLA, S., CANTILLO, J.J., VIJANDE, E. y PÉREZ, M. (2013): "Novedades en el conocimiento de las sociedades neolíticas en la banda atlántica de Cádiz. Explotación de recursos marinos e hipótesis del uso de la sal". *Actas Congreso Pré História das Zonas Húmidas*, Setúbal (Portugal), 2011.Vol.14.

RAMOS, J. y CANTALEJO, P. (2015): "Las sociedades prehistóricas en el entorno del actual término de Casabermeja" pp. 36-72 en **V. MARTÍNEZ, (DIR.), E. LÓPEZ, A. FERNÁNDEZ** (coords.) *Casabermeja, un lugar para la historia.* Volumen I.

REIMÓNDEZ, MªC. (2004): "Memoria preliminar de la Intervención Arqueológica Preventiva en C/Castellanos, n°3 y Plaza del Carmen, n°4. Jerez de la Frontera, Cádiz." *Junta de Andalucía. Inédito.*

REINOSO, M.C. (2012): Proyecto de actividad arqueológica urgente en el Dolmen de las Rosas (Villamartín, Cádiz). *Inédito.*

REVERTE, J.M. (1991): *Antropología Forense.* Ministerio de Justicia. Madrid.

ROBLEDO, B., JIMÉNEZ-BROBEIL, S.A. (1994): "Restos humanos neolíticos de la Cueva de la Dehesilla (Algar, Cádiz)". *II Congreso de Historia de Andalucía. Prehistoria.* pp. 211-218 (Córdoba, 1991).

ROVIRA, S. y GÓMEZ, P. (1994): "Punzones y varillas metálicas en la Prehistoria Reciente española: un estudio tecnológico". *Espacio, Tiempo y Forma, serie 1,* pp.371-402.

RUIZ J.A. (1986): "Informe excavaciones de urgencia. Pago de Cantarranas La Viña. El Puerto de Santa María". *Anuario Arqueológico de Andalucía,* III, Actividades de Urgencia, pp. 95-110. Junta de Andalucía. Sevilla.

RUIZ, J.A. y RUIZ, J.A. (1987): "Excavaciones de urgencia en el Puerto de Santa María". *Revista de Arqueología 74,* pp. 5-12.

RUIZ, J.A. y RUIZ, J.A. (1989): "Calcolítico en el Puerto de Santa María". *Revista de Arqueología 94,* pp. 7-13.

RUIZ, J.A. Y RUIZ, D. (1999): "Cantarranas (El Puerto de Santa María, Cádiz): Un poblado de transición Neolítico Final/ Cobre Inicial".*Saguntum: Papeles del Laboratorio de Arqueología de Valencia.* Nº Extra 2, pp.223-228. 1999 (Ejemplar dedicado a: II Congrés del Neolític a la Península Ibèrica,7-9 d'Abril, 1999).

RUIZ, J.A. y LÓPEZ, J.J. (2001): "La intervención de urgencia de 1997, en el yacimiento de Pocito Chico. El Puerto de Santa María, Cádiz". *Anuario Arqueológico de Andalucía 1997,* III pp. 88-115. Junta de Andalucía. Sevilla.

RUIZ, J.A. y LÓPEZ, J.J. (2005): "Cronología y cultura material del Neolítico Final de Cantarranas (Bahía de Cádiz)". En **P. ARIAS, R. ONTAÑÓN y C. GARCÍA-MONCÓ,** (Eds.): *III Congreso del Neolítico en la Península Ibérica.* pp. 383-388. Servicio de Publicaciones de la Universidad de Cantabria.

RUIZ, D. (1991): "El Túmulo 1 de la necrópolis de Las Cumbres" *Treballs del Museu Arqueologic d'Eivissa e Formentera (Trabajos del Museo Arqueologico de Ibiza y Formentera).*Nº 24. pp. 207-220.

RUIZ, M. T., MARTÍN, A. y ALCÁZAR, J. (1992): "Enterramientos calcolíticos en zonas de hábitat". *Revista de Arqueología 137,* pp. 18-27. Madrid.

RUIZ, L., LARA, M.L., BOTELLA, M.C. y GARCÍA, C.J. (1991): "Población eneolítica del yacimiento de El Trobal, Jerez de la Frontera: Estudio Antropológico" en *Antropología y Paleoecología Humana,* Nº6 pp. 17-56.

SAFONT, S. (2003): Métodos antropológicos usados en paleopatología. Paleopatología. La enfermedad no escrita (A. Isidro; A. Malgosa, eds.), Masson, Barcelona: pp. 33-46

SANTIAGO, A., GUTIÉRREZ, J.M., GILES, P., PEDROCHE, A., MENDOZA, D. y PRIETO, Mª.C. (1997): "Arte paleolítico en la Serranía de Grazalema". *Revista de Arqueología 195,* pp. 10-19. Madrid.

SANTIAGO, J.M. (1983): "Notas sobre una prospección arqueológica superficial en el Cerro de Las Motillas (Cádiz)", *Speleon 26-27,* pp. 129- 145.Barcelona.

SAN VALERO. J. (1975): "Los hallazgos antiguos del Neolítico de Gibraltar". *Papeles del Laboratorio de Arqueología de Valencia. pp. 11.75-108.* Valencia.

SCARDUELLI, P. (1988): *Dioses, espíritus, ancestros. Elementos para la comprensión de los sistemas rituales.* S.XXI, México.

SCHAEFER, M., BLACK, S. y SCHEUER, L. (2009): *Juvenile Osteology. A Laboratory and Field Manual.* Academic Press. San Diego.

SCHEUER, L. y BLACK, S. (2000): *The Juvenil Skeleton.* Academic Press, London.

SCHOUR, I. y MASSLER, M. (1941): "The development of the human dentition". *Journal of the American Dental Association* 28: 1153-1160 [Citado en: Hillson (1996)].

SIBÓN, V. (2006): "La necrópolis fenicio-púnica de Cádiz. Un primer acercamiento al estudio de la tipología funeraria". *Revista de Historia Ubi Sunt?,* nº 20, pp. 11-24. Asociación Cultural Ubi Sunt. Cádiz.

SILVA, A.M. (2002): *Antropología funeraria e paleobiologica das populações portuguesas (Litorais) do Neolitico Final/ Calcolítico. Dissertação de Doutoramente em Antropologia, Departamento de Antropolgia Universidad de Coimbra*

SOARES, A. M.; CABRAL, J. (1993): Cronologia absoluta para o calcolítico da Estremadura e do sul de Portugal. *Actas do I Congresso de Arqueologia Peninsular.* Porto : SPAE [*Trabalhos de Antropologia e Etnologia.* Porto. 33:3-4], pp. 217-235.

SOARES, A. M. (1994): Datação absoluta da necrópole "neolítica" da Gruta do Escoural. In ARAÚJO, A. C.; LEJEUNE, M. *Gruta do Escoural: a necrópole neolítica e a arte rupestre paleolítica.* Lisboa : IPPAR (Trabalhos de Arqueologia ; 8), pp. 111-119.

STIPP, J.J. y TIMERS, M.A. (2002): "Datación radiométrica". En **J. RAMOS y M. LAZARICH** (Eds.): *El asentamiento de "El Retamar" (Puerto Real, Cádiz). Contribución al estudio de la formación social tribal y a los inicios de la economía de producción en la Bahía de Cádiz*, pp. 169-173. Universidad de Cádiz y Ayuntamiento de Puerto Real.

SUTHERLAND L.D. y SUCHEY, J.M. (1991): "Use of the ventral arc in pubis sex deterrmination". *Journal of Forensic Science,* 36. pp. 501 – 511.

THILLAUD, P.L. (1996): Paléopathologie humaine. Kronos Editions, Paris.

TRANCHO, G. y ROBLEDO, B. (2000): "Patología oral: Hipoplasia del esmalte dental", *Gaceta dental: Industria y profesiones* N°. 107 (ABR), 2000 págs. 62-72.

TROTTER, M. (1970): *Estimation of stature from intact long bones.* En Stewart, T.D., Personal Identification in Mass Disasters. Museo Nacional de Historia Natural de Washington, pp.71-84.

UBELAKER, D. H. (1989): *Human skeletal remains. Excavation, analysis, interpretation.* Manuals on Archeology. Taraxacum. Washington.

UBELAKER, D. H. (2007): *Enterramientos humanos: excavación, análisis, interpretación.* Donostia: Sociedad de Ciencias Aranzadi.

VALERA, A.C. y FILIPE, V. (2010): "Outeiro Alto 2 (Brinches, Serpa): nota preliminar sobre um espaço funerário e de socialização do Neolítico Final à Idade do Bronze", *Apontamentos de Arqueología e Património 5:*pp.49-56.

VALVERDE, M. (1993): *El taller de Cantarranas (El Puerto de Santa María, Cádiz. Un ejemplo para la transición Neolítico-Calcolítico.* Servicio de Publicaciones. Universidad de Cádiz.

VARGAS, I. (1987): "La formación económica social tribal". *Boletín de Antropología Americana 15.* pp. 15-26. México.

VICIANO, J. (2012): *Métodos Odontométricos para la estimación de sexo en individuos adultos y subadultos.* Tesis Doctoral. Universidad de Granada.

VICENT, J.M. (1995): "Problemas teóricos de la Arqueología de la Muerte Una introducción". En **R. FÁBREGAS, F. PÉREZ y C. FERNÁNDEZ** (eds.): *Arqueoloxía da Morte na Península Ibérica desde as Orixes ata o Medievo*, pp. 13-31. Excmo. Concello de Xinzo de Limia, Vigo.

VICENT, J.M. (1991): "El neolítico: transformaciones sociales y económicas". *Boletín de Antropología Americana, 24.* México.

VILLALPANDO, A. y MONTAÑÉS, M. (2009): "Avance de resultados de las excavaciones arqueológicas realizadas en la SET Parralejos". *Revista Atlántica- Mediterránea de Prehistoria y Arqueología Social, 11*, pp. 257-264. Servicio de Publicaciones de la Universidad de Cádiz.

VIJANDE, E. (2006): *Prehistoria reciente de Chiclana de la Frontera. Aportación al conocimiento de las formaciones sociales tribales y clasistas iniciales en el marco de la banda atlántica gaditana.* Universidad de Cádiz. Servicio de Publicaciones.

VIJANDE, E. (2009): "El poblado de Campo de Hockey (San Fernando, Cádiz): resultados preliminares y líneas de investigación futuras para el conocimiento de las formaciones sociales tribales en la Bahía de Cádiz (tránsito V-IV milenios a.n.e.)". *Revista Atlántica-Mediterránea de Prehistoria y Arqueología Social,* 11, pp. 265-284. Servicio de Publicaciones de la Universidad de Cádiz

VIJANDE, E. (2010): *Formaciones sociales tribales en la región histórica del estrecho de Gibraltar (VI-IV milenios a.n.e.). Los ejemplos de la cueva de Benzú (Ceuta) y el asentamiento de campo de Hockey (San Fernando, Cádiz).*Tesis doctoral. Servicio de publicaciones de la Universidad de Cádiz. Cádiz.

VIJANDE, E. (coord.) (2011): *La necrópolis neolítica de Campo de Hockey. La muerte hace seis mil años en la Isla de San Fernando.* Catálogo de los materiales expuestos en el Museo Histórico Municipal de San Fernando. Ayuntamiento de San Fernando, Fundación Municipal de Cultura.

VIJANDE, E., DOMÍNGUEZ-BELLA, S., CANTILLO, J.J., MARTÍNEZ, J., BARRENA, A. (2015): "Social inequalities in the Neolithic of southern Europe: The grave goods of the Campo de Hockey necropolis (San Fernando, Cádiz, Spain)". *C. R. Palevol* nº 2 pp. 147 -161

WHITE, T. y FOLKENS, P. (2005): *The human bone manual.* Londres: Elsevier Academic Press.

ZAFRA DE LA TORRE, N. (2006): *De los campamentos nómadas a las aldeas campesinas. La provincia de Jaén en la prehistoria. Jaén en el Bolsillo 1.* Universidad de Jaén, Jaén.

ZAZO, C. (1980): *El Cuaternario marino-continental y el límite Plio-Cuaternario en el litoral de Cádiz.* Tesis Doctoral. Universidad Complutense. Madrid.

ZILHÃO, J. (1992): *Gruta do Caldeirão. O Neolítico antigo.* Lisboa: Instituto Português do Património Arquitectónico e Arqueológico (Trabalhos de Arqueologia; 6).